てきたよ ★ シート

べんきょうが おわった ページの ばんごうに
「できたよシール」を はろう!

名前

スタート がんばるぞ!

| 1 | 2 | 3 | 4 |

| 9 | 8 | 7 | 6 ことばの きまり | 5 |

その ちょうし!

| 10 | 11 ことばの きまり | 12 | 13 |

ここで はんぶん!

| 18 ことばの きまり | 17 | 16 | 15 | 14 |

| 19 | 20 | 21 | 22 | 23 | 24 ことばの きまり |

あと ちょっと!

| 29 ことばの きまり | 28 | 27 | 26 | 25 |

| 30 | 31 | 32 | 33 ことばの きまり | 34 |

ゴール

36

JN041990

2年作文

「わからない」から「わかる」に変わっていく！

＜　1日1枚の勉強で、学習習慣が定着！

◎ 解説が1ページ、まとめが1ページになっているので、その日の勉強を進めるのにぴったりです。

◎「1日1枚」ずつやさしく学習できます。

◎ 目標時間が書いてあるので、無理のない量の問題数で構成されているので、毎日の勉強を進めやすくなります。

＜　すべての学習の土台となる「基礎力」が身につく！

◎ スモールステップ構成なので、1単元から繰り返し練習しているうちに、確実に「基礎力」が身につけられます。「重要」「基礎」などが身についていきます。

◎ 発展的な「重要」な力を身につけられます。

◎ 教科書の学習だけでなく、言葉の力や表現力も身につけられます。

＜　勉強管理アプリの活用で、楽しく勉強できる！

◎ 設定した勉強時間やテーマに取り組むことで、学習習慣が身についていきます。

◎ 設定した勉強時間や点数など、成績をグラフにしてくれるので、達成感を得られます。

◎ 勉強をがんばると、キャラクターやパーツがもらえるので、日々のモチベーションをつくります。

本書のシリーズの使い方

❶ 1日1枚、集中して解きましょう。

目標時間

◎ 1回分は、1枚（表と裏）です。

1枚ずつはがして使うこともできます。

◎ 目標時間を意識して解きましょう。

アプリのストップウォッチなどで、かかった時間を計るとよいでしょう。

・「ことばの きまり」 文章を書くときに役立つ言葉の知識や文のきまりです。

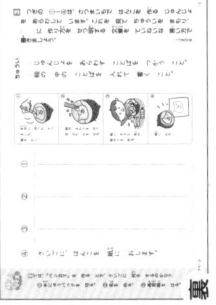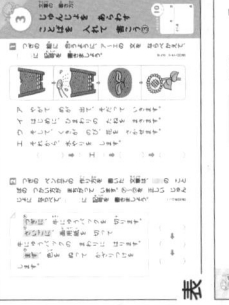

表　　裏

❷ おうちの方に、答え合わせをしてもらいましょう。

・本の最後に、「答えとアドバイス」があります。
・答え合わせをして、点数をつけてもらいましょう。

❸ 「できたよシート」に、「できたよシール」をはりましょう。

・勉強した回の番号に、好きなシールをはりましょう。

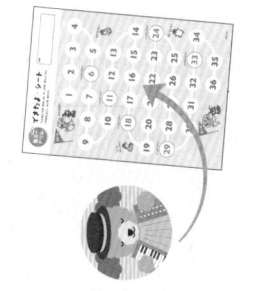

❹ アプリに得点を登録しましょう。

・アプリに得点を登録すると、成績がグラフ化されます。
・勉強すると、キャラクターが育ちます。

まちがえた問題を解き直すと、さらに力がつくよ！

毎日のドリル♪ 勉強管理アプリ

「毎日のドリル」シリーズ専用、スマートフォン・タブレットで使える無料アプリです。1つのアプリでシリーズすべてを管理でき、学習習慣が楽しく身につきます。

1 「毎日のドリル」の学習を徹底サポート！

毎日の勉強タイムをお知らせする【タイマー】

かかった時間を計る【ストップウォッチ】

勉強した日を記録する【カレンダー】

入力した得点を【グラフ化】

目標の勉強時間を目指して勉強しよう！

これはやる気が出ちゃうね！

2 キャラクターと楽しく学べる！

好きなキャラクターを選ぶことができます。勉強をがんばるとキャラクターが育ち、「ひみつ」や「グッズ」が増えます。

3 1冊終わると、ごほうびがもらえる！

ドリルが1冊終わるごとに、賞状やメダル、称号がもらえます。

4 漢字と英単語のゲームにチャレンジ！

ゲームで、どこでも手軽に、楽しく勉強できます。漢字は学年別、英単語はレベル別に構成されており、ドリルで勉強した内容の確認にもなります。

自己ベスト当年目を目指そう！

漢字のよみがなを当てよう

単語のいみを当てよう

アプリの無料ダウンロードはこちらから！

https://gakken-ep.jp/extra/maidori/

【推奨環境】
■各種Android端末：対応OS Android6.0以上。
■各種iOS（iPadOS）端末：対応OS iOS10以上。
※対応OSであってもIntel CPU（x86 Atom）搭載の端末では正しく動作しない場合があります。
※対応OSや対応機種については、各ストアでご確認ください。
※お客様のお使いの環境およびご購入端末によりアプリをご利用できない場合は当社は責任を負いかねます。
また、事前の予告なく、サービスの提供を中止する場合がありますので、ご理解、ご了承いただきますようお願いいたします。

じゅんじょを あらわす ことばを つかって 文しょうを 書こう①

もくひょう

月　日

とく点

いちばん さいしょに いう ことばは、どれかな。

■ おにぎりの 作りかたを 書いた 文です。作りかたの じゅんに なるように、同じ はたらきを する ──線で つなぎましょう。

① **はじめに**、ごはんを 三角の形に にぎります。

② **つぎに**、おにぎりの まん中に あなを あけて、うめぼしを 入れて、手で おしを つけて にぎります。

③ **さいごに**、のりを まいて、おさらに のせて、ならべます。

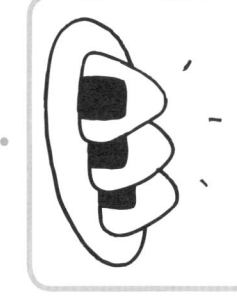

・それから

・ます

・すると

・おわりに

・しかし

2 つぎの 文が 正しい じゅんじょに なるように、あいて いる □に、記号を 書きましょう。 ぜんぶできて【15点】

ア きのう、ゆうがちゃんと 公園に 行きました。

イ つぎに、すべり台で あそびました。

ウ さいごに、てつぼうを してから 家に 帰りました。

エ まず、ぶらんこに のりました。

ア → □ → □ → □

3 絵に 合う 文章に なるように、( )に じゅんじょを あらわす ことばを 書きましょう。(①〜③は、どうぶつを 見た じゅんじょです。) 一つ20点【40点】

①

②

③

わたしは、おじいちゃんと いっしょに どうぶつ園に 行きました。㋐(　　　　　　　)、きりんを 見ました。それから、となりの おりの ぞうを 見ました。㋑(　　　　　　　)、くじゃくの おりを 見て、家に 帰りました。

クイズ じゅんじょを あらわす ことばで、三番めは どれかな?
①まっさきに ②つぎに ③さいごに

答え ◆ 77ページ

② つなぎことば②　てん・まるを 入れて かぎを 書こう

１

──線の ことばに 気を つけて、文しょうが 正しく つたわるように、（　）に 丸・点を 書きましょう。

1つ10点【30点】

（　一　）わたしは、きのう、バスで おじいさんの 家に 行きました。

（　　）はじめに、電車に のりました。それから、バスに のりかえて、五分ほど 歩きました。

（　　）そして、バスの のりかえの ところから、五分ほど 歩いて、おじいさんの 家に つきました。

電車→バスの じゅんに のって いるよ。

２

⑦〜⑰の えが、それぞれの 水を こぼさずに はこぶ ようすを あらわして います。えと 文を ──線で つなぎましょう。

1つ10点【30点】

⑰ 水だけを すくって、水を あらって います。

⑦ 入れものに、水を 入れて はこびます。

⑰ 水だけを すくって、水を あらって います。

・　　　・　　　・

・　　　・　　　・

おにわに　　　　コップに　　　　おふろに

❸ 紙人形の 作り方を せつ明する 文章に なるように、□に じゅんじょを あらわす ことばを 書きましょう。（ ）には、合う ことばを、 から えらんで 書きましょう。

１つ8点【40点】

①

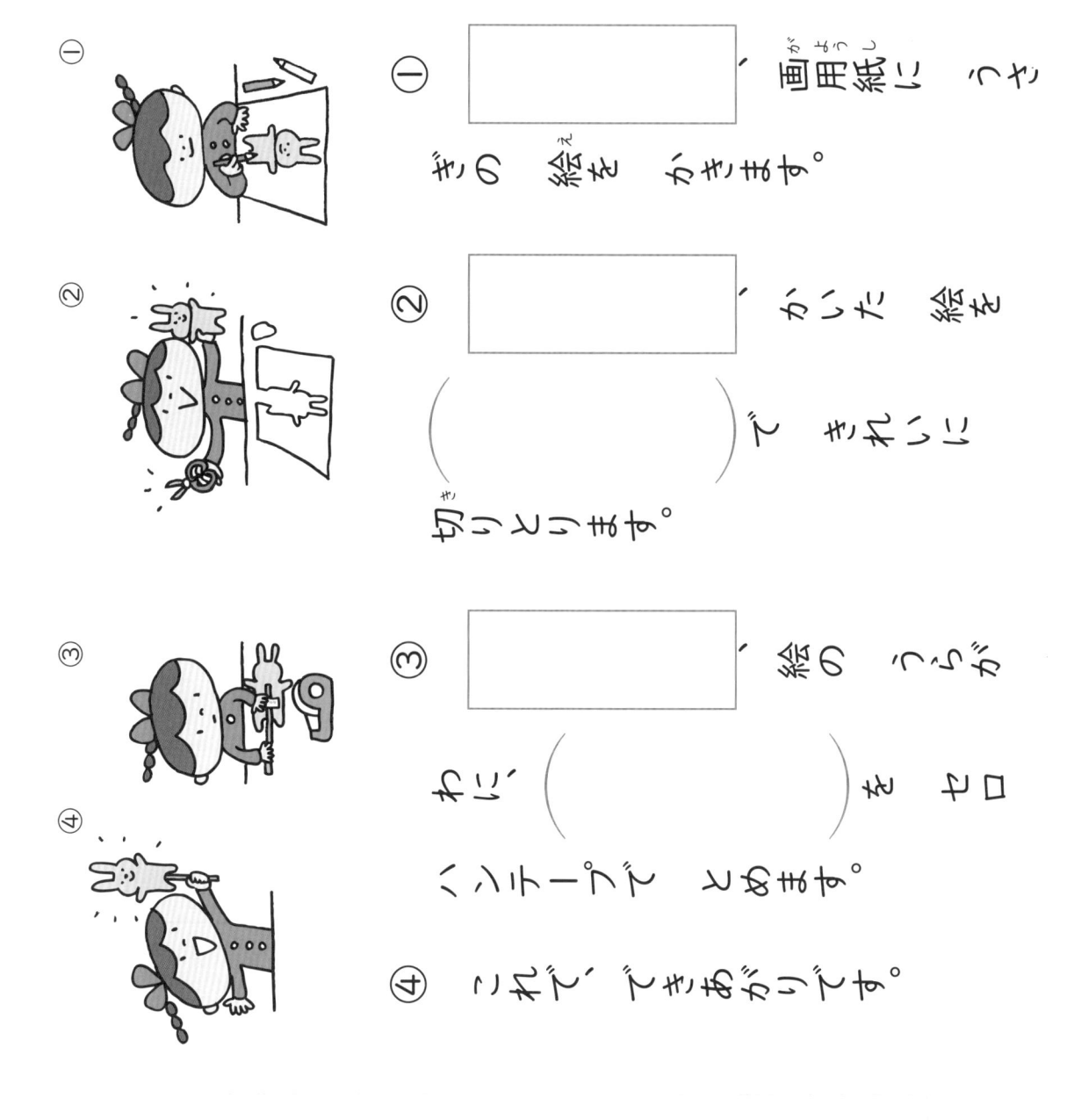

① □、画用紙に すきな 絵を かきます。

② □、かいた 絵を
（　　　　　）で きれいに
切りとります。

③ □、絵の うらが
わに（　　　　　）を セロ
ハンテープで とめます。

④ これで できあがりです。

ノート　はさみ　紙ねんど　わりばし

答え ◎77ページ

クイズ 「ます」と 言いかえられる、じゅんじょを あらわす ことばは どれかな？
①はじめに ②つぎに ③それから

③ じゅんじょを あらわす ことばを 入れて 書こう③

1 つぎの 絵に 合うように、ア〜エの 文を ならべかえて、（　）に 記号を 書きましょう。

せんぶできて【25点】

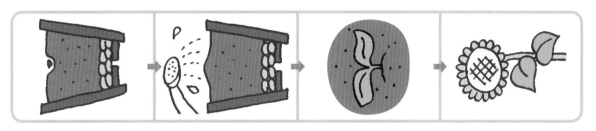

ア　やがて、めが 出て、そだって いきます。

イ　はじめに、ひまわりの たねを まきます。

ウ　そして、くきが のび、花を さかせます。

エ　それから、水やりを します。

（　　　）➡（　エ　）➡（　　　）➡（　　　）

2 つぎの くみ立ての 作り方を 書いた 文章は、████ の ことばの つかい方が まちがって います。⑦〜⑦を 正しい じゅんじょに ならべて、（　）に 記号を 書きましょう。

１つ10点【30点】

⑦ 「さいごに、キにゅうぺックを 切ります。

⑦ 「それに、画用紙を 切って

キにゅうぺックの まわりに はります。

⑦ 「ます。色を ぬって かざりつけを します。

（　　　）

⬇

（　　　）

⬇

（　　　）

3 つぎの ①〜④は、さつまいもで はんこを 作る じゅんじょを あらわして います。これを 見て ちゅういを まもり、〔 〕に 作り方を せつ明する 文章を ていねいな 言い方で 書きましょう。

一つ15点【45点】

ちゅうい
・じゅんじょを あらわす ことばを つかう こと。
・絵の 中の ことばを 入れて 書く こと。

①	②	③	④
・半分に 切った さつまいもに 絵を かく。	・絵の まわりを ほり、目・はな・口を ほる。	・絵に すきな 色の 絵のぐを ぬる。	・紙に おす。

① 〔　　　　　　　　　　　　　　　　　　　〕

② 〔　　　　　　　　　　　　　　　　　　　〕

③ 〔　　　　　　　　　　　　　　　　　　　〕

④ 〔 さいごに、はんこを 紙に おします。 〕

クイズ **2**では、「くみ立て」を 作る とき、さいしょに 何を するのかな。
①キリンブロックを 切る。　②色を ぬる。　③画用紙を はる。

4 文章に 書かれて いる ことを メモに まとめる

1 先生が 話した ことを メモに 書いた ①〜③の メモに、あてはまる ものを □□□から えらび、（　）に きごうを つけましょう。〔1つ25点〕

（一）
みなせん（　　）（　　）
・ねんどを へらして ねじる。
・ねんどに 毛糸を まきつける。
・ボンドで 土に はりつける。
・毛糸・ねんど。

（二）
かわせん（　　）（　　）
・ねんどを へらして ねじる。
・毛糸・ねんど。
・ボンドで 土に はりつける。
・ねんどに 毛糸を まきつける。

（三）
のぎみん（　　）（　　）
・ねんどを へらして ねじる。
・ねんどに 毛糸を まきつける。
・毛糸・ねんど。
・ボンド。

「作る」を「べんする」と まちがえないでね。

わたしたちは、ねんど（　）を 作る 図工の 時間に、ものを 見つめて メモを とる ことを 先生が 話しました。

まず、はじめに、ねんどを へらして ねじる と、ものの 長さの ちがうように みなせん ねん土の 時間に、

もものに、セロハンテープの ように ねんどを すこし へらした（　）を 用意します。

ぼく、と、せんたろうあにいさんは、黒い（　）毛糸・ねん土を ねじって ねる。

2 先生が、おわりの会で つぎの ことを 語しました。語した ことの メモに なるように、①〜③の □に 合う ことばを、先生の 語の 中から 書き出しましょう。

一つ25点【75点】

転校した 木村あいさんから、手紙が とどきました。そこで、みんなで 木村さんに くんじを 出す ことに しましょう。先生が くばる 原こう用紙に、木村さんに 聞いて みたい ことを 書きましょう。来週の 水曜日までに、先生に 出して ください。原こう用紙の おわりには、かならず 自分の 名前を もちんと 書いて ください。

メモ

・書く こと… ① [＿＿＿＿＿＿＿＿] こと

・しめきり … ② [＿＿＿＿＿＿＿＿] まで

・おわりに 書く こと … ③ [＿＿＿＿＿＿＿＿]

メモして おくと、
わすれないで 書けるね。

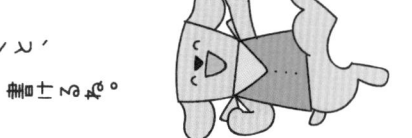

クイズ 1の メモには、「作る もの」と 何が 書いて あるかな?
①食べたい もの。 ②作りたい もの。 ③もって くる もの。

答え→77ページ

5 絵に かかれて いる ことを メモに まとめよう

1 ひろとさんは、つぎの 絵を 見て お話を 作ろうと 思い、この 絵から わかる ことを メモしました。①〜③の □に 合う ことばを から えらんで 記号を 書きましょう。

一つ10点【30点】

メモ

① □が ねこを おいかけて いる。

② 男の子が 二人 □に 手を ふって いる。

③ □が 草を 食べて いる。

①

②

③

ア 犬
イ 花
ウ ひこうき
エ 海
オ 牛
カ ねずみ
キ ボート
ク 気球

2 つぎの 二つの 絵を せつ明する ための メモを 作りました。□には、絵から わかる ことを 書きましょう。□には、？に 合う 会話を あとの から えらんで、記号を 書きましょう。

一つ5点【70点】

絵の 中の ことばを よく 見て、考えようね。

① おもこ、おもこ。 たけるくん ？ ぼく

② ？ 五百円です。 お店の 人

①の メモ

・人物…ア[　　]と イ[　　]

・場面…ウ[　　]が 本を はこんで いる。 エ[　]

②の メモ

・人物…女の子と ア[　　]

・場面…女の子が、イ[　　]を 買おうと して いる。 ウ[　]

ア それ、いくらですか。　　イ ○○だってよ。

ウ それ、なんですか。　　エ ○○だおうか。

クイズ

①の 絵で 空を とんで いるのは 何かな?

①キリン　②犬　③小鳥

こくごの きまり

6

主語・述語・くわしくする言葉

月　日
もくひょう
100点
とく点

● まなびの ポイント ●

文は、いくつかの なかまに 分ける ことが できて、それぞれが 細かい やくわりを して います。

◆主語…「だれが(は)」「何が(は)」に あたる ことば。
◆述語…「どうする」「どんなだ」「何だ」「ある(いる)」に あたる ことば。

れい
・雨が、ふる。
・ぼくの 家の 犬は、大きい。
・となりの 子は、サッカーが うまい。
・ワニは、大きい どうぶつだ。
・かわいい 花が、さく。
・大きな 犬だ。

1 つぎの 文の 主語には——線、述語には～～線を 引きましょう。
〔一つ5点／30点〕

① バスが、間もなく 発車する。

② 来年から、兄は 中学生だ。

③ カナリアは、とても かわいい。

2 絵に 合うように、（ ）に 入る くわしく する ことばを、□から えらんで 書きましょう。 1つ5点【10点】

① 妹は、（ どんな　　　　　　　）ぼうしを

かぶっている。

② 夜空の星が、（ どのように　　　　）光る。

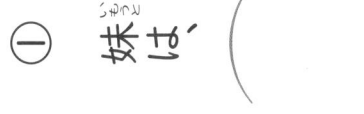

黒い　白い　赤い　すいすい　きらきら　ぽくぽく

3 絵に 合うように、▨の 形の 文を 書きましょう。（「だれ」は、絵の中のことばを つかいましょう。） 1つ20点【60点】

ひろちゃん

① だれが　どこに　どう　する。

おじさん

② だれの　何は　どんなだ。

先生
はじめ

③ だれが　どこに　何を　どう　する。

答え ◯ 78ページ

7 いつ どこで だれが どう するを 書こう

1 ——線の ことばは、下の ア〜エの どれを あらわして いますか。□に 記号を 書きましょう。

1つ4点【16点】

① ぼくは、広場で サッカーを した。 □

② クラスの 友だちと 図書館に 行った。 □

③ 今日、おばさんから 手紙が とどいた。 □

④ 姉と 母は、いっしょに 出かけた。 □

ア いつ　　　　イ だれが(は)

ウ どこで　　　エ どう する(した)

2 □に 合う ことばを、 から えらんで 書きましょう。

1つ4点【12点】

① 兄は、 いつ [   ] さいふを おとした。

② わたしは、 どこで [   ] 友だちを まった。

③ ぼくは、 先生から 本を どうした [   ]。

えき前で　きのう　みんなで　かりた　読む

17

3 れい の ように、四つの ことばを つかって、　の 形に 合う 文を 書きましょう。

一つ8点【72点】

れい　プール・ぼく・毎日・およぐ
だれは　いつ　どこで　どうする。

> ぼくは、毎日 プールで およぐ。

まず、四つの
ことばの
はたらきを
たしかめよう。

① ぼく・休んだ・ソファー・夕方
いつ　どこで　だれは　どうした。

② ホール・歌う・明日・歌手
だれが　いつ　どこで　どうする。

③ わたし・校てい・おにごっこ・あそんだ
いつ　だれは　どこで　どうした。

④ 先週・生まれた・ぼくの 家・子ねこ
どこで　いつ　何が　どうした。

クイズ

「わたしは、きのう 手紙を 書いた。」で、「いつ」を あらわすのは どれかな？
①わたしは　②きのう　③手紙を　④書いた

答え ▶ 78ページ

8 音や ようすを あらわす ことばを つかって 書こう

1 絵に 合う 文に なるように、あう ほうの ことばを ◯で かこみましょう。

一つ10点【60点】

① 小石が {ころころ / ごろごろ} ころがる。

② 岩が {ころころ / ごろごろ} ころげおちる。

③ ドアを かるく {トントン / ドンドン} たたく。

④ たいこを はげしく {トントン / ドンドン} たたく。

⑤ 花びらが {はらはら / ひらひら} まいおちる。

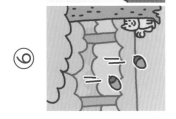

⑥ 木のみが {はらはら / ひらひら} {まいおちる / おちる}。

2 だれ（何）が どのように どうして いますか。 の ことばを つかって、──線に つづけて 文を 作りましょう。

一つ一〇点【三〇点】

れい →
風車（かざぐるま）が、
くるくる 回って いる。

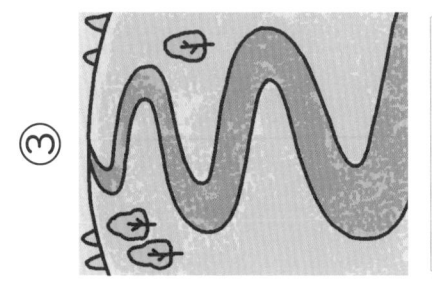
① 雨が、

② 赤ちゃんが、

③ 道が、

ゴロゴロ しとしと すらすら
サーサー くねくね すやすや

「サーサー」や
「しとしと」は、
雨が 強いときなどを
あらわします。

クイズ
ねむたい ようすが わかる ことばは どれかな？
①ぷかぷか ②うかうか ③ぐうぐう

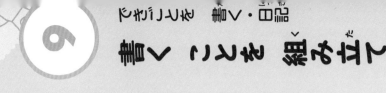

9 書く ことを 組み立てよう①

1 つぎの 文から、 にあたる ことばを 見つけて、□に 書きましょう。

一つ6点【42点】

れい　ぼくは、はたけで じゃがいもを ほった。

⑦ だれは	ぼくは
① どうした	ほった

① わたしは、友だちと 図書かんへ 行った。

⑦ だれは	
① どこへ	
⑦ どうした	

② 日曜日、お姉さんは 海べで 貝がらを ひろった。

⑦ だれは	
① いつ	
⑦ 何を	
㊀ どうした	

② ――の ことばを ならべかえて、絵に 合う「だれ（何）が―どこで―何を―どう する。」の 文を 作りましょう。

一つ二点【22点】

① 広場で 兄が なげる ボールを

［　　　　　　　　　　］

② えさを 鳥小屋で 食べる にわとりが

［　　　　　　　　　　］

③ つぎの 絵は、あやかさんの きのうの ようすです。絵に 合うように、つぎの 文の □に 合う ことばを 書きましょう。

一つ九点【36点】

［いつ □　］、［だれは □　］は、

花やさんへ 行きました。

［どうした □　　　　　　　］。

ばらを 三本

うちへ 帰ってから、ばらを

［何に □　　　　］

に さしました。

クイズ

「わたしは、□ ぶらんこに のった。」で、□に くる ことばは どれ？

①公園に　②公園も　③公園で

答え ◯ 79ページ

やさしい 書きかた・国語

書く じゅんびを 組み立てる ②

10分

とく点

月　日

点

1 下の（同）じ ことばを つかって 絵に 合う 文を 書きましょう。 〔1つ8点【40点】〕

れい

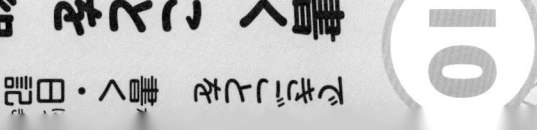

いぬが にくを くわえて（たべようと して）います。

①

② おにいさん

③ かあさん

④ おとうさん・ぼうし

⑤ おかあさん

答え ● 79ページ

日記のはじめに書いておくとよいのは、①その日の天気、②来週のよていや行事、③きのう食べたおかずのうちどれかな?

ちゅうい

・天気のこと
・言ったこと
・したこと
・思ったこと

などを入れて書きましょう。

四月二十五日（土曜日） 晴れ

午後から、弟をつれて東山公園に行きました。おにごっこなどをして楽しかったです。

むしをしていたら、弟が「にいちゃん、見て見て。」と言うので、行ってみると、とんでいました。弟が

月　　日（　　曜日）

2 【60点】

まゆさんの日記を読んで、あなたも今日のことを思い出して、日記に書きましょう。

学しゅうの ポイント

丸・点・かぎの つかい方を おぼえて、原こう用紙に 正しく 書きましょう。

◆丸(。)……文の おわりに つける。

れい ・雨が ふる。

◆点(、)……文の とちゅうの いみの 切れめに つける。

れい ・雨なので、行かない。

◆かぎ(「 」)…会話(人が 話した ことば)に つける。

れい ・「こんにちは」 ＊行を かえて 書きます。

1 つぎの 文が それぞれ 下の 絵の 内ように 合うように、□の どれかに 点を 一つずつ つけましょう。 一つ7点【14点】

① ぼくは□兄と□父を□
　　　 ㋐　　 ㋑　　 ㋒
むかえに□行った。
　　　 ㋓

② ぼくは□兄と□父を□
　　　 ㋐　　 ㋑　　 ㋒
むかえに□行った。
　　　 ㋓

2 つぎの □に、丸か 点の どちらかを 書きましょう。 1つ8点【48点】

書きはじめは、1ます あける。

ぼ	く	は	□	学	校	で	ミ	ニ	ト	マ	ト	を	そ	だ
て	て	い	ま	す	□	だ	い	ぶ	大	き	く	な	り	ま	し
た	□	今	は	□	黄	色	い	花	が	さ	い	て	い	ま	す。
ト	マ	ト	の	み	が	な	る	の	が	□	と	て	も	ま
ち	遠	し	い	で	す	□

行を かえたら 1ます あける。

*丸や 点は、行の はじめに こないように、前の 行の さいごの ますに 書く。

3 つぎの 文章に、点を 四つ、かぎを ひと組 つけて、□□に 正しく 書き直しましょう。 点一つ2点、かぎ一ひと組8点【38点】

家に帰るとちゅうでお母さんに会いました。お母さんは食べパンを買いに行くから家でまっててね。と言って店くおかいました。

*◯の ところには、字を 書かない こと。

答え ◉ 79ページ

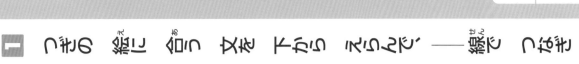
1 つぎの 絵に 合う 文を 下から えらんで ——線で つなぎましょう。

一つ10点【40点】

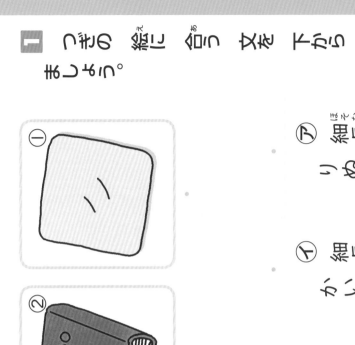

①

②

③

④

㋐ 細長くて、まん中を くり ぬいて ある 赤い はこ。

㋑ 細長くて、まん中に 円が かいて ある 赤い はこ。

㋒ 四角い 形で、角が 丸く なって いる ハンカチ。

㋓ 四角い 形で、赤と 白の しまもようの 色紙。

㋔ うすくて、赤い ひょう紙の ノート。

㋕ とても あつくて、赤い ひょう紙の 本。

2 ゆきさんは、はじめて 会う おばさんを むかえに、お姉さん と えきへ 行きました。ですが、おばさんが おくって きた メモの ——線の 部分が まちがって いました。絵を 見て、（　）に 正しく 直しましょう。

1つ15点【60点】

おばさんの メモ

・① <u>白い</u> ぼうしを かぶって いる。

・② <u>しまもよう</u>の ワンピースを きて いる。

・③ <u>右うで</u>に 茶色の バッグを かけて いる。

・両手で ④ <u>四角い</u> はこを もって いる。

・めがねは かけて いない。

① （　　　　　　　　　　）

② （　　　　　　　　　　）

③ （　　　　　　　　　　）

④ （　　　　　　　　　　）

クイズ 2で、おばさんの メモで 合って いたのは どれかな。

①白い こと ②もよう① こと ③めがねの こと

答え 79ページ

ようすを かんさつして 書こう①

1 つぎの 文章から、①〜③の ようすが よく わかる ことば を 書きぬきましょう。

一つ一〇点【30点】

わたしは、黄色い羽のいんこをかっています。かごから出すと、ばたばたとびます。体の長さは、大人のてのひらくらいです。

① 羽の ようす	
② とぶ ようす	
③ 体の 長さ	

2 犬の ようすが だんだん くわしく なるように ア〜エを ならべかえて ( )に 記号を 書きましょう。

一つ一〇点【30点】

ア 黒い 犬が ワンワン ほえる。

イ 大きな 黒い 犬が ワンワン ほえる。

ウ 犬が ワンワン ほえる。

エ となりの 家の 大きな 黒い 犬が ワンワン ほえる。

(ウ) → ( ) → ( ) → ( )

3 つぎの 文章の ①には 数を、②～⑤には （ ）に 合う ことばを から えらんで 書き、──線の 部分の ようす が くわしく なるように しましょう。

一つ8点【40点】

ハムスターの マルに、

赤ちゃんが（ ①　　 ）ひき生まれました。

絵を 見て、数を かん字で 書きましょう。

生まれてから、二週間がたったので

②（ 　　　　 ）毛が生えて、

③（ 　　　　 ）歩くようになりました。

キャベツの はをやると、

④（ 　　　　 ）食べます。

食べたあとは、⑤（ 　　　　 ）ねむっています。

かなしそうに　　白い　　すやすやと　　すくすく
おいしそうに　　茶色い　　くるくると　　もちもち

クイズ　１ では、いんこの 羽の 何の ようすを 書いて いるかな？
① 形　② 色　③ 大きさ

書いて②

1 かおりさんは、生活科の 学しゅうで そだてて いる ミニトマトに ついて、かんさつメモを 書きました。①〜④は どんな ことに ついての かんさつですか。 □から えらんで（　）に 書きましょう。

1つ5点【60点】

ミニトマトの みが、できてきた。
六月五日（月曜日）晴れ
・三こ なっていた。…①
・大きい ものは 二センチメートル。…②
・ボールの ように 丸い。…③
・少しだけ 黄みどり。…④
・さわると つるつる。
・トマトの いいにおいが した。

① （　　　　　　）　② （　　　　　　）

③ （　　　　　　）　④ （　　　　　　）

色　形　数
大きさ

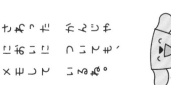

かんさつ カードに 色など くわしく メモして いるね。

❷ かんさつに なった つもりで、**❶**（31ページ）の かんさつ メモを つかって、□に かんさつ記ろくの 文章を 書いて みましょう。

１つ20点【40点】

＊□の ところは、「大きさは、」「形は、」に つづけて 自分で 書いて みましょう。

六月五日（月曜日）晴れ

　ミニトマトの みが、できてきました。

　でも、まだ三こしか なっていません。

大きさは、
形は、

　みをさわると、つるつるしています。

　みのにおいは、赤くなったトマト

と同じだと気がつきました。

かんさつして わかった ことや 気づいた
ことを 書く ときは、「…わかりました。」
「…気がつきました。」などの ことばを つかおう。

クイズ ❶で、かおりさんは、ミニトマトの 形を 何に たとえて メモして いるかな？
①星 ②こんぺいとう ③ボール

答え ▶80ページ

1 たいちさんは、かっている かめの ことを 文章に 書こうと 思い、かんさつカードを 整理しました。つぎの カードは 何に ついての カードですか。あとの ア～エから えらんで □に 記号を 書きましょう。

一つ10点【40点】

かんさつカード(1)
・よく食べるもの
。にこみず
。きゅうり
・食べるとき
。一気にがつがつ

かんさつカード(2)
・水そうあらい
・休みばしょ作り

かんさつカード(3)
・体の長さは、六センチメートルぐらい。
・こうらは、こい茶色。
・目が大きい。

かんさつカード(4)
・考えていたよりもせわがたいくん。
・ずっと長生きしてほしい。

ア えさの こと
イ 体の 大きさや ようす
ウ 思った こと
エ せわの しかた

33

② たいちさんは、**１**(33ページ)の (1)〜(4)の かんさつカードを つかって 文章を 書きました。これを 読んで 答えましょう。

1つ10点【60点】

> ぼくが かっている かめの メメは、体の長さが 六センチメートルぐらいで、いろは こい ［ ア ］です。首を 出すと、大きな目が、よく目立ちます。
>
> メメは、にんじんや きゅうりが大すきで、あげると 一気に 食べます。
>
> せわでいちばんたいくんなのは、［ イ ］です。毎日水を かえなくては ならないし、くさくて たまりません。
>
> もっとかんたんに かえると 思っていたのでちょっと たいくんですが、メメの顔を見ていると、ずっと 長生き してほしいと思います。

◯ カードを どんな じゅんに ならべて 書いて います か。( )に **１**の (1)〜(4)の 番号を 書きましょう。

( ) ➡ ( ) ➡ ( ) ➡ ( )

② ア・イに 合う ことばを **１**の カードから 書き出しましょう。

ア [　　　　　]　　　　イ [　　　　　]

クイズ **１**の 「かんさつカード」の 中で 文章に 書いて いないのは どれかな？

①水やり作り ②体の 長さ ③よく 食べる もの

答え ▶ 80ページ

16 ちがいを くらべて 書く ①

1 二つの 図形は、何に ちがいますか。合う ものを ——線で つなぎましょう。　[一つ10点【30点】]

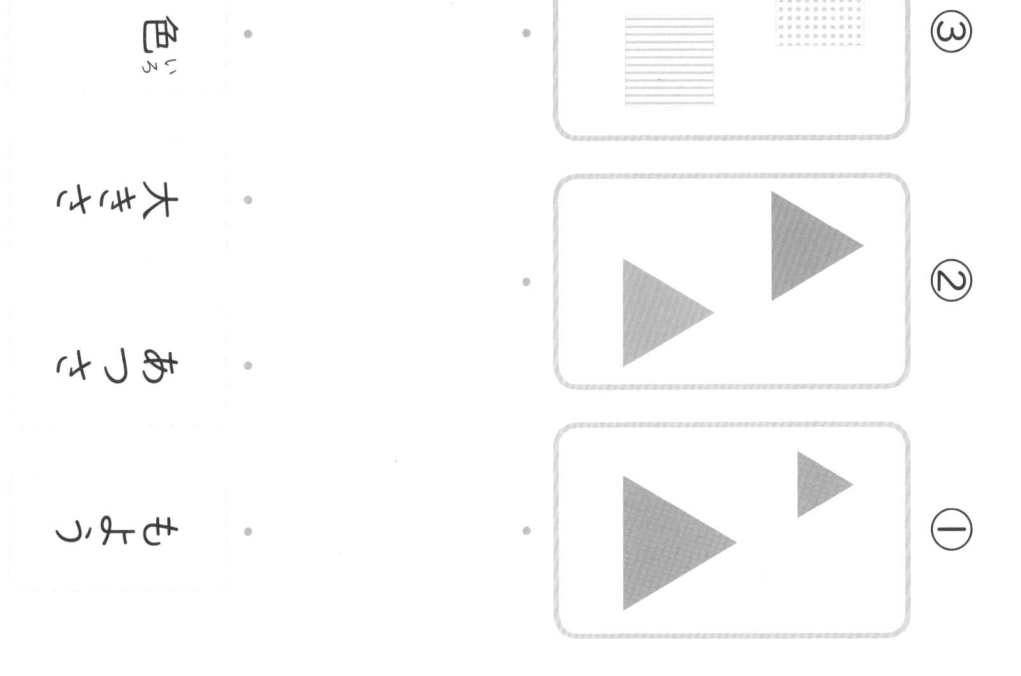

① ・　　　　・ むき

② ・　　　　・ おおきさ

　　　　　　・ 大きさ

③ ・　　　　・ 色

2 **1** の ①～③が、何に ちがうのかを、つないだ ことばと「……」を つかって、つぎの 形の 文を 書きましょう。　[一つ10点【30点】]

① この 二つは、（　　　　　　　）。

② この 二つは、（　　　　　　　）。

③ この 二つは、（　　　　　　　）。

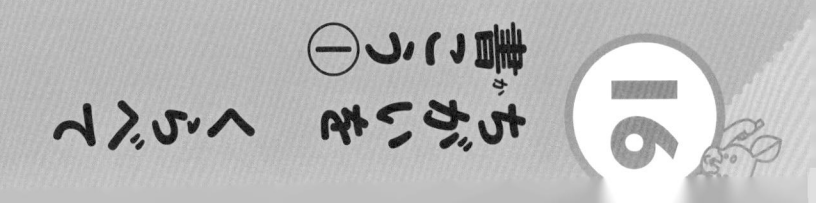

3 ゆみさんは、いちごと バナナを くらべて、ちがう ところを 書き出しました。ひょうの ①〜⑤の（　）に 合う ことばを、 から えらんで 書きましょう。

一つ8点【40点】

いちご

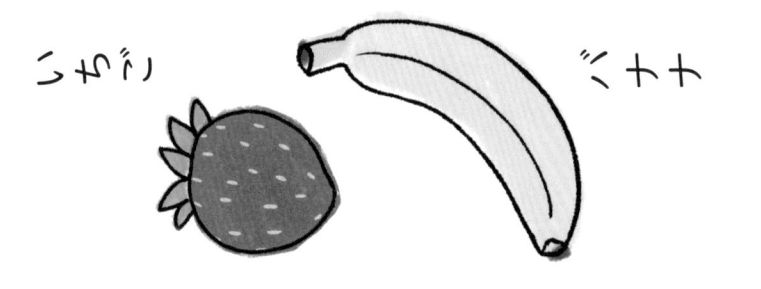

バナナ

絵を よく
見て 考えてね。

	いちご	バナナ
色	・①（　　　　）	・黄色い
形	・丸くて、先が 細い。	・②（　　　　）
あじ	・③（　　　　）	・あまい
その ほか	・④（　　　　）が、 たくさん ある。	・⑤（　　　　）を、 むいてから 食べる。

赤い　　からい　　　かわ　　細長い

黒い　　あまずっぱい　　つぶつぶ　　四角い

3 で ゆみさんが 書き出した ものの 中に くって いないのは どれかな？

① 形　② 大きさ　③ 色

答え◆80ページ

17 ちがいを くらべて 書いた文②

1 かずきさんは、お父さんと お母さんの くつを くらべて ちがいを ひょうに してから、文章に 書きました。ひょうを 見て、⑦～⑦の（ ）に 合う ことばを 書きましょう。 一つ20点【60点】

	お父さんの くつ	お母さんの くつ
色	・茶	・赤
形	・先が 細い。	・先が 丸い。
大きさ	・お母さんの くつより 大きい。	・お父さんの くつより 小さい。
その他	・ひもで むすぶように なっている。	・先の ほうに ばらの 花の かざりが ついている。

ぼくは、お父さんと お母さんの くつを くらべました。

色は、お父さんのが 茶、お母さんのが（⑦　　　）です。

形は、お父さんのは 先が（⑦　　　）ですが、お母さんのは、先が 丸くなっています。

大きさは、お父さんの ほうが 大きいです。

その他が、お父さんの くつは ひもでむすびます。お母さんの くつは、先の ほうに（⑦　　　）の 花の かざりが ついています。

2 だいこんと にんじんを くらべた つぎの ひょうを もとに して、あとの 文章の □に 合う 内ようを 書きましょう。

1つ20点【40点】

	だいこん	にんじん
形	・細長い	・細長い
色	・白	・だいだい
大きさ	・にんじんより 太い。	・だいこんより 細い。
その ほか	・さわった かんじは にんじんより やわらかい。	・さわった かんじは だいこんより かたい。

わたし(ぼく)は、だいこんとにんじんをくらべました。

同じところは形で、どちらも細長いです。

色は、

大きさは、

さわったかんじは、だいこんよりにんじんのほうが、かたいです。

答え⬤81ページ

クイズ

1 ご─かずきさんは、お父さんと お母さんの 何を くらべたのかな？

①かさ ②コート ③くつ

18 文と文を つなぐ ことば

こくごの きほん

● 学しゅうの ポイント

つなぐことばは、前後の文を正しく つなげる はたらきをする。文章を書くときに正しく使えるように おぼえて しまう。

◆前のことがらを理由として、後のことがらがあとにつづくとき。
だから・それで・するとなど。

◆前のことがらから考えられることとは ぎゃくのことがつづくとき。
でも・しかし・けれどもなど。

◆前のことがらにならべて、つけくわえたりするとき。
また・そして・それからなど。

◆どちらかをえらんだりするときや、くらべたりするとき。
または・それとも・あるいはなど。

1 次の ぶんしょうが 正しく つながるように、□に 合う ことばを ○で かこみましょう。

一つ10点[20点]

① 雨が ふり出した。{ だから / でも }、出かけるのを やめた。

② 雨が ふり出した。{ だから / でも }、出かけた。

2 えいたさんは、お母さんと いっしょに おばあちゃんの 家へ 行った ときの ことを 文章に 書きました。①〜④の □に 合う ことばを、 から えらんで 書きましょう。

1つ20点【80点】

おばあちゃんから、日曜日にあそびにおいでと電話がありました。①□、お母さんと、おばあちゃんの家へ十時のバスにのって出かけることにしました。

②□、家を出るのがおそくなったので、十時のバスには間に合わず、つぎのバスにのりました。

③□、一時間後、おばあちゃんのすむ町につきました。

バスていのそばの花やさんで、おみやげの花を買うことにしました。お母さんは、赤いばらにするが、④□、白いゆりにするかで、まよっていました。

けれども　　それとも　　だから　　そして

答え 81ページ

⑲ しょうかつ文

中心を 考えて 書く①

1 ①だいちさんは 「小さな 親切」、②ゆりさんは 「すきな お話」に ついて、文章を 書く ことに しました。

つぎの カードの 中から それぞれに つかう ものを 三まい ずつ えらんで □に 記号を 書きましょう。 一つ10点【60点】

ア 先週の 土曜日、図書かんで 見つけた。

イ おばあちゃんが りんごを おくって くれた。

ウ バスで おばあさんに せきを ゆずった。

エ お年よりの にもつを もって あげた。

オ 「ないた 赤おに」と いう だい名。

カ 本より えいがの ほうが わかりやすい。

キ 道に まよって いた 人を あんないした。

ク 友だち 思いの 青おにが 出て くる。

①くが 書いて いる こと
②には 何が でて くる
③には ちゅういして しましょう。

① だいちさん □□□

② ゆりさん □□□

2 みさきさんは、おばあちゃんに うんどう会の しょうたいじょうを 書く ために、つぎの メモを 用意しました。ところが、大切な ②の ことを 書きわすれて しまいました。しょうたいじょうの □に 書きましょう。【40点】

メモ
① 日時(日づけ・時間)と 場所
② 自分が 出る しゅもく —— リレー・ダンス
③ おばあちゃんに ぜひ 来て ほしい こと。

おばあちゃんへ
　十月三日の土曜日に、学校のうんどう場でうんどう会があります。

　ダンスでは、ちょうちょうになっておどるので、かぶりものをつくをもます。
　がんばるので、ぜひ見に来てください。
みさき

答え ◎ 81ページ

クイズ
① で、ゆりさんが「すきな お話」について カードに 書いた ものは どれ?
①本の 作者 ②お話を 読んだ かんそう ③お話の だい名

中心を 考えて 書こう②

1 つぎの 文章に だいを つけると したら、あとの ア～カの どれが よいですか。〇に 記号を 書きましょう。 [一つ10点【40点】]

①（ ）
わたしは、なわとびがにがてなので、まなさんにグラウンドで教えてもらいました。
はじめのうちは、なわが足にからまって じょうずにとべませんでしたが、少しずつ うまくとべるようになりました。

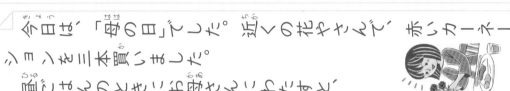

②（ ）
今日は、「母の日」でした。近くの花やさんで、赤いカーネーションを三本買いました。
昼ごはんのときにお母さんにわたすと、
「うれしい！ ありがとう。」
と、とてもよろこんでくれました。

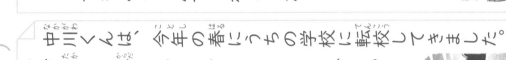

③（ ）
中川くんは、今年の春に うちの学校に 転校してきました。
せが高くて体も大きく、とても力もちです。ぼくのすぐ前のせきです。
中川くんも ぼくもサッカーがすきなので、休みの日には、よく二人であそびます。

④（ ）
ぼくの公園の池には、かもの親子がいます。
あけがた、親がものあとに三羽の子がもがおよいだり、ついていってよいでいます。
この親子を見るために、休みの日には、多くの人がやってきます。

ア 中川くん イ 母の日 ウ かもの親子
エ なわとび オ サッカー カ 昼ごはん

2 ゆうなさんたちは、「わたし（ぼく）の お気に入り」と いう だいで 文章を 書きましたが、①〜③の どの 文章にも、ぶんに いても よい 文が 一つずつ あります。その 文の 右に、〜〜線を 引きましょう。

1つ20点【60点】

①

わたしのお気に入りは、コアラの形のふでばこです。家の近くの文ぼうぐやさんで買いました。文ぼうぐやさんのとなりはパンやさんで、メロンパンがとくにおいしいです。コアラの顔がとてもかわいらしいので、いつも大切に、ふでばこにしまっています。　　〈ゆうな〉

②

お兄さんからもらったボールペンが、とても気に入っています。赤・青・黒の三色がつかえるので、どこに行くときも、もち歩いています。
お兄さんは、サッカーがじょうずで、クラブにくって、毎週の土曜・日曜に、れんしゅうにはげんでいます。
今度、ボールペンで絵をかいてみようと思います。　　〈しょうた〉

③

今、いちばん気に入っているのは、お母さんが作ってくれたビーズの首かざりです。お出かけのときは、かならずしています。
お母さんが作り方を教えてくれるというので、自分でも作ってみようと思っています。
お母さんは、りょうりを作るのもとくいです。　　〈あやの〉

文章の 中心は、「わたし（ぼく）の お気に入り」だよ。これとは ちがう 内ようの 文を さがそう。

クイズ **2**の ゆうなさんの お気に入りは 何かな？
①コアラの 顔　②コアラの 形の ふでばこ　③メロンパン

答え ◯ 81ページ

1 はやとさんは、公園で 見つけた ことを 友だちに 知らせる 文章を 書く ことに しました。その ために、組み立てメモを 作りました。

「はじめ」「中」「おわり」には、どんな ことを メモして います か。あとの　　から えらんで、□に 記号を 書きましょう。

一つ15点【45点】

はじめ	① □	・学校の うらに ある公園で、どんぐりを たくさん見つけた。
中	② □	・おちばの 中から 見つけた。 ・茶色の 細長い 形。先が 少しとがって いる。 ・かれた えだに ついたまま、おちて いるもの も あった。
おわり	③ □	・工作に つかえそうなので、みんなにも ひろいに 行って ほしい。

ア くわしい せつ明

イ まとめの ことば

ウ 知らせたい こと

「中」の ところが いちばん くわしく 書いて あるね。

45

2 友だちの ことを しょうかいする 文章を 書く ための 組み立てメモを 作って みましょう。**1**(45ページ)の メモを さんこうに する こと。

①15点、②40点【55点】

はじめ

・友だちの ①[_____] さんが、すてきな ところ。

中

・すてきだと思った ところのエピソード

②[_____]

おわり

・これからもずっと、すてきな友だちでいてほしいと思う。

友だちの すてきなところを、よく 思い出して メモして みましょうね。

クイズ 組み立てメモの 「おわり」には、どんな ことを メモして おくのかな？
①くわしい せつ明 ②知らせたい こと ③まとめの ことば

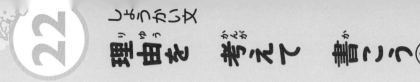

22 理由を 考えて 書く①

1 三人の 人が 自分の すきな 食べものに ついて すきな 理由も つけくわえて 文章を 書きました。理由が はっきり わかる 書き方を して いる 人は、だれですか。□に 名前を 書きましょう。 【20点】

わたしは、オムライスが 大すきです。だから、お母さんは、週に 一回は、かならずオムライスを 作って くれます。

〈あおい〉

ぼくは、にぎりずしが とても すきです。そのわけは、いろいろな お魚を 一どに 食べる ことが できるからです。

〈たくみ〉

わたしは、スパゲッティが いちばん すきです。とくに、ひき肉が たっぷり 入った ミートソースが、大の お気に入りです。

〈りな〉

「理由」は、「わけ」とも いうよね。

47

2 こばやしさんと ななみさんは、にがな ものと その理由を 文章に 書きました。（ ）に 合う ことばを、 から えらんで 書きましょう。

一つ20点【80点】

① ぼくは、小さいころからトマトがとてもにが てです。（　　　　　　　　）、トマトは、どろどろし た たねのようなものがくって いる（　　　　　　　　）。

〈こばやし〉

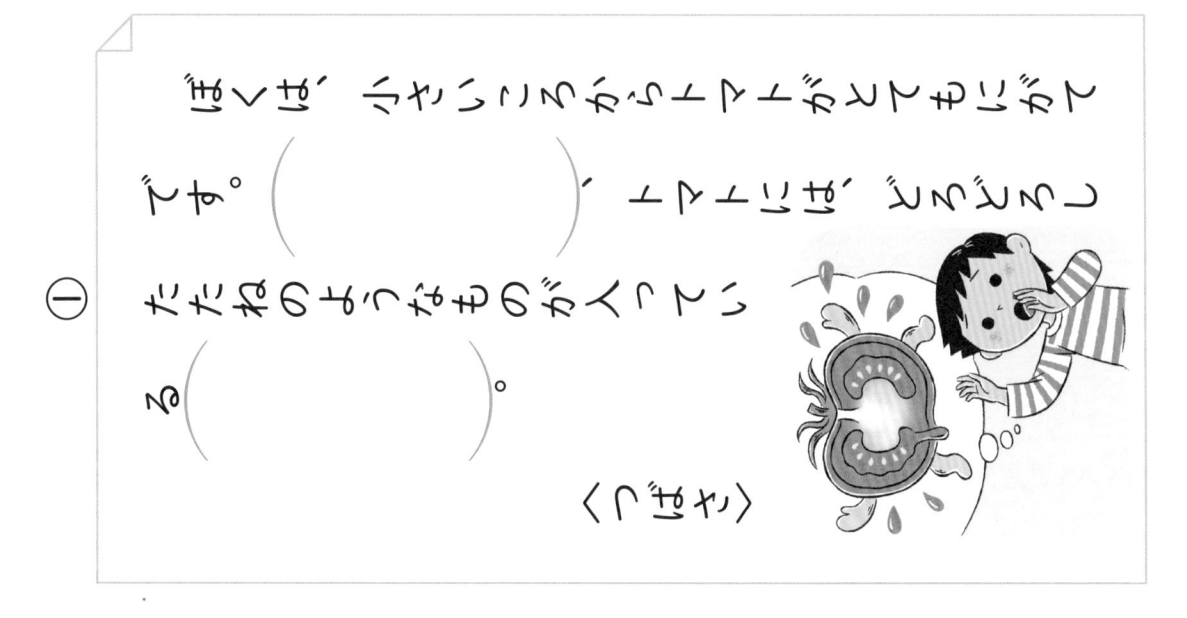

② わたしは、ピーマンがとてもにがてです。 ピーマンは、なんとなくにがいような あじ（　　　　　　　　）、わたしは （　　　　　　　　）なのです。

〈なみ〉

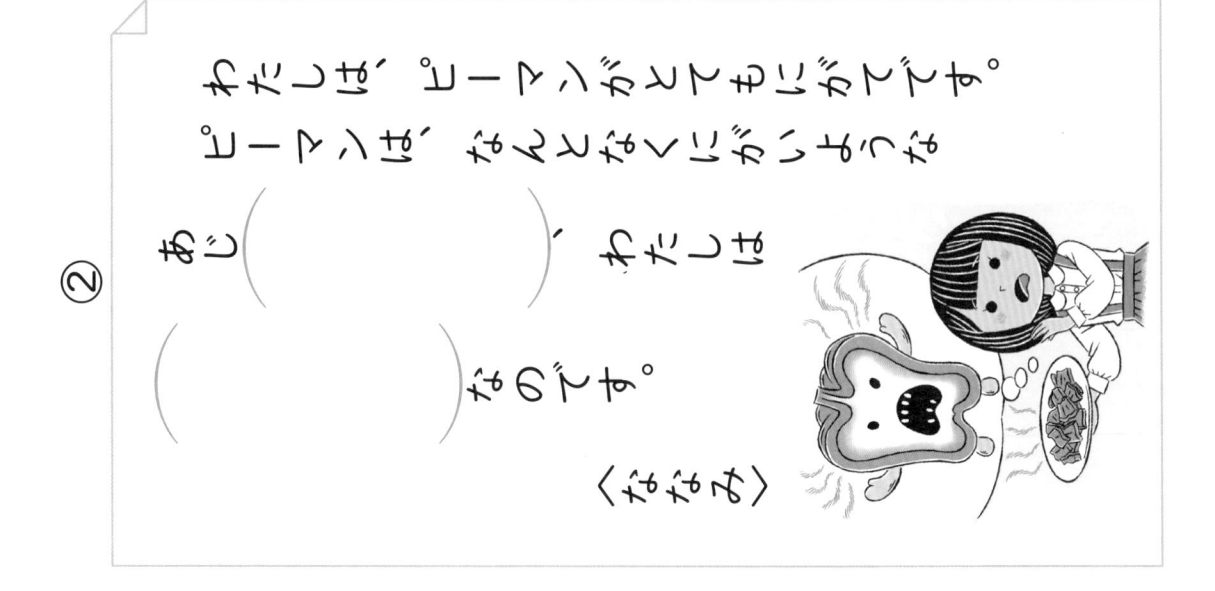

からです　　すると　　なので　　とても

ようです　　なぜなら　　みたい　　にがて

クイズ　理由を 書く ときに つかう ことばは どれかな？
① ですから ② そして ③ それとも

23 つなぎことば ② 理由を 考えて 書く

❶ あとの ぶんしょうは、ゆうだちの ことです。□の 文に あう つなぎことばを あとから えらんで、□に 書きましょう。その 理由を わかりやすく あらわす 文を あとから えらんで ( )に 書いて、ぶんしょうを かんせいさせましょう。

【1つ15点／30点】

・ つぎのような雨が、 { サーッ ／ ザンザン } ふってくる。

① 「サーッ」は、強く (　　　　　　　　) ふってくるようすを あらわしていて、「ザ」のような、雨を あらわす ことばが あるからです。

② わたしは (　　　　　　　　) ぶんの ようすに あうと 考えたからです。

「……」や、「っ」は、ようすを よく あらわすよ。「っ」の うしろを のばしてみよう。

2 話し合いの メモを とる とき、「えんぴつ」と「ボールペン」の どちらを つかうのが よいか 考えが 分かれました。あなたなら、どちらが よいと 思いますか。
あなたの 考えを 書いて みましょう。

①・②一つ15点 ③40点【70点】

・①には、よいと 思う ほうを 書きましょう。
・②には、合う ことばを あとから えらんで 書きましょう。
・③には、①を えらんだ 理由を 書きましょう。

ぼく(わたし)は、①（　　　　　　　）の ほうが よいと
思います。②（　　　　　）、①の ほうが

③
[　　　　　　　　　　　　　　　　]
からです。

それでも　なぜなら　または

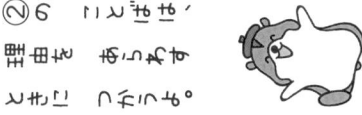
②の ことばは、理由を あらわす ときに つかいます。

理由を 書く ときの 文の おわりの 言い方は どれかな?
①〜からです。　②〜ようです。　③〜みたいです。

答え ◯ 82ページ

学しゅうの ポイント

同じ ことを あらわす 場合でも、主語（「だれ（何）が」・「だれ（何）は」）が かわると、言い方も かわって きます。

① お父さんが、ぼくを ほめる。

② ぼくが、お父さんに ほめられる。

＊①と ②では、──線の 主語が かわって います。

＊②は、「ぼく」が お父さんに 何かを される 言い方に なって います。

□の ことばを あらわす ことばの 形が かわって いる ことに、気を つけてね。

---

１ 何かを される 言い方に なって いる 文を 三つ えらんで（ ）に ○を つけましょう。 1つ10点【30点】

①（　）先生が、石川さんに ちゅういする。

②（　）きりんが、ライオンに おいかけられる。

③（　）妹が、お母さんに よばれる。

④（　）おじさんが、犬小屋に ペンキを ぬる。

⑤（　）子ねこが、男の子に ひろわれる。

2 つぎの 文が 何かを される 言い方に なるように、——線の ことばを 言いかえて（　）に 書きましょう。 1つ5点【30点】

① ・姉が、弟を おこす。

・弟が、姉に（　　　　　　　　　）。

② ・鳥が、虫を 食べる。

・虫が、鳥に（　　　　　　　　　）。

3 つぎの 文章の（　）に 合う ことばを　　から えらんで、記号を 書きましょう。 1つ10点【40点】

今日の算数の時間、先生に①（　　　　）のに、ぼくは答えられなかった。

休み時間に、林くんが、しょんぼりしているぼくをなぐさめてくれた。林くんに②（　　　　）ので、少し元気になった。

五時間めの図画工作の時間に、先生のつくえに③（　　　　）花の絵をかくことになった。

ぼくは、一生けんめいかいた。色をぬっていると、先生に「色のつかい方がじょうずですね。」と④（　　　　）。とてもうれしかった。

| ア かざられた | イ ぬられた | ウ ほめられた |
| エ あてられた | オ とられた | カ なぐさめられた |

答え ○ 82ページ

25 たとえる 言い方を つかって 書こう①

もくひょう 10分
月　日
とく点
　　点

---

1 ——線で、たとえて 言う 方を 下と むすんで、文を つくりましょう。 [1つ5点 20点]

① 石みたいに　　　・　　　・白い 花。

② 雪のように　　　・　　　・小さな 字。

③ 糸のように　　　・　　　・かたい 字。

④ 米つぶに　　　　・　　　・細い あめ。

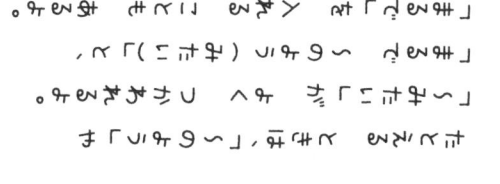

たとえる ときは、「〜みたいに」「〜のように」を つかうよ。
「〜みたいな」「〜のような」と いう ことも あるよ。

---

2 ——線の ことばを、たとえる 言い方に なるように、○で かこみましょう。 [1つ10点 20点]

① { たか / はと } のように するどい 目玉の 人。

② { ちょう / かえる } のように ぴょんぴょん はねる。

3 つぎの 絵の ようすを、たとえを つかって 書きます。（　）に 合う 生きものの 名前を、　　から えらんで 書きましょう。

1つ15点【30点】

①

・男の子が、まるで（　　　　　　　）みたいに じょうずに するすると 木に のぼって いる。

②

・女の子が（　　　　　　　）みたいに すいすいと 海の 中を およいで いる。

　ねこ　　さる　　ちょう　　魚　　くじら

4 つぎの 絵を 見て、□に 合う ことばを、〈ヒント〉を さんこうに して 書きましょう。

1つ15点【30点】

① 妹の ほおは、

〈ヒント〉けものの 名前

□□□の ように 赤い。

②

〈ヒント〉鳥の 名前

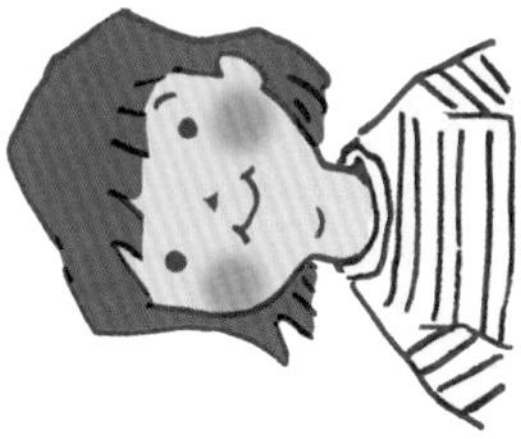

□□□の 羽の ように きれいな ドレス。

たとえる 言い方に よく つかわれるのは、どれかな？

①〜から　②〜のよう　③〜ぐらい

答え ▶ 82ページ

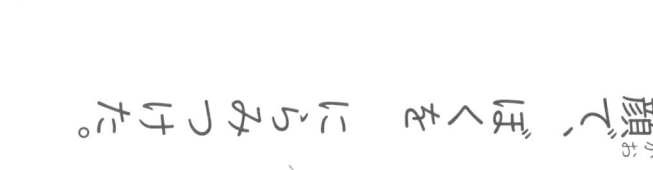
1 ①・②は「～のように」、③・④は「～みたいに」を つかって、たとえる 言い方の 文を 作りましょう。□から えらんで 書きましょう。　〔1つ10点〕

① みかんが、大きな 木を ゆらして います。

（　　　　　　）　　　　に

② 雨が（　　　　　　　）まで はげしく ふって きた。

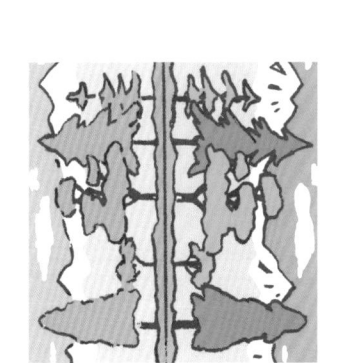

③ ほへいは、（　　　　　　　）みたいに 大きな 体を して いる。

④ お兄ちゃんは、（　　　　　　）みたいに 赤い 顔で、

おにんぎょう

かがみ

かがみ おすもう

お人形

□に ことばを 書いて、文を 作りましょう。

② ゆうまさんが 思いうかべた ようすに 合うように、「まるで ～のような(に)」「まるで ～みたいな(に)」の 言い方を つかって、文を 書きましょう。

一つ20点【60点】

▼おく上から 見た 道を 歩く 人たちの ようす。

① 道を 歩いて いる 人たちは、

▼さめの はの ようす。

② さめの はは、

▼つばめが とぶ ようす。

③ つばめが、

クイズ 「赤ちゃんの 手は、□ もみじのようだ。」の □に 入るのは?

①なんて ②だって ③まるで

答え◎83ページ

1 絵を 見て、お話を 作ります。（　）に 合う ことばを 考えて 書きましょう。

1つ10点【50点】

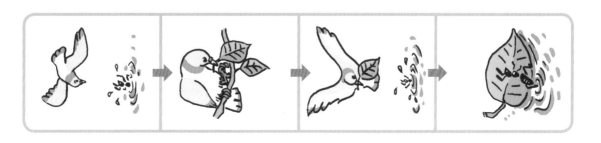

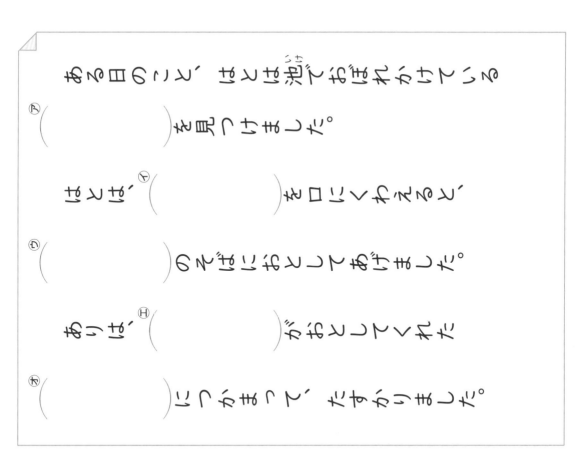

ある日の ハト、はとは池（いけ）で おぼれかけている

ア（　　　　　　　）を見つけました。

はとは、イ（　　　　　　　）を口にくわえると、

ウ（　　　　　　　）のそばにおとしてあげました。

ありは、エ（　　　　　　　）がおとしてくれた

オ（　　　　　　　）につかまって、たすかりました。

ありが たすかって よかったねー！

クイズ 4

1

で、
① 木のとなりには、ありの
② 木のとなりに 何を
③ 木のとなりに おしえて あげたのかな？

イ

・たぬきの子が、

ア

・親切な からすが、

2

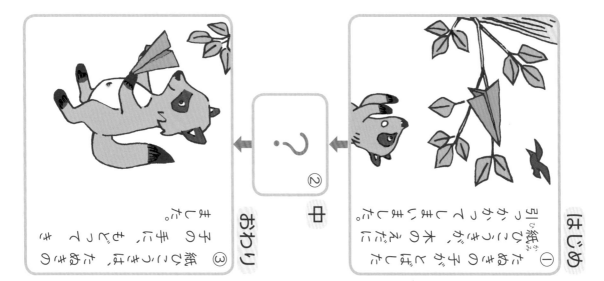

はじめ

① 引き紙がたぬきの子がひっかかって木のえだにはさまっていました。

中

② ？

おわり

③ 紙にひっかかっていたたぬきの子は、としものてきました。

2 絵を見て、お話を考えました。ア・イの絵に合うように①・アの絵に入る絵を考えて、文を考えて、①・アの絵を書きま。

しょう。

【1問25点/50点】

28 お話を 書こう② お話の じゅんじょを 考えて

もくひょう 10分

月　日

とく点　点

1 じゅんばんの 絵の いみに 合うように、お話を 考えました。

▲ ①は（ア）・（イ）は、合う ことばを □から えらんで 書きましょう。ウ・エは、絵を 見て、かめが いったと 思う ことばを 書きましょう。　【一つ10点】

ある日、かめが（　ア　）、
「あの 山の 上まで きょうそうしよう。」
と 言いました。
うさぎは（　イ　）が 出て来る ころには、とっくに 山の上に ついて いるだろうと、足の おそい かめを ばかに して いました。

ウ [　　　　　　　　　　　]

と 言って、かめは いっしょうけんめいに 走りだしました。

エ [　　　　　　　　　　　]

と 言って、うさぎは おひるねを しました。

2 つぎの お話の つづきを 書きます。絵を 見て（　）に 合う ことばを 書きましょう。

〔一つ12点【60点】〕

> いじわるきつねの コンは、おばあさんが おくてて くれた せんべいを せんぶ 食べて しまいました。そして 子ぶたの トンには 食べた あとの たねだけを あげて おいしい せんべいだったと 自まんそうに 話しました。

①

① 子ぶたの トンは、もらった

（　　　　　　　　　　）を うえ、

出てめに、毎日じょうろで

（　　　　　　　　　　）を あげました。

②

② 何年かたち、りっぱな木に なり、

せんべいが たくさんみのりました。

よくばりトンを（　　　　　　　　）は

うらやましそうに 見ていました。

③

③ トンが、たねのおれいに たくさんの

（　　　　　　　　　　）をもって

来ると、コンは（　　　　　　　　　）を

ながしてよろこびました。

クイズ

1 の お話に 出て くるのは、だれと だれかな？

①うさぎと たぬき ②うさぎと かめ ③かめと きつね

はっきり した 言い方か どうか 考えて こたえてね。

29

こくごの きほん

はっきりした 言い方を おぼえよう

月　日　／10分

とく点　　点

もくひょう点

● 学しゅうポイント

ある いみを より はっきり させる ことばが あります。

◆ はっきり させる ものの 言い方
れい・木ぎれは、[けっして] ものを 言わない。

◆ はっきり しない 言い方
れい・明日は、[たぶん] 晴れる だろう。
　　・あなたは、[さいきん] おくれる。

◆ はっきり させる 言い方
れい・雨なら、えんそくは ちゅう止だ。
　　・遠足は、[ぜったいに] ちゅう止だ。

---

１ はっきり した 言い方を あらわして いる 文を 二つ えらんで、記号を ○で かこみましょう。　［一つ20点］

ア　おとうさんは、来週 北海道へ 行く。

イ　おとうさんは、たぶん 北海道へ 行く だろう。

ウ　こんばんは、たぶん 雨が ふるでしょう。

エ　こんばんは、きっと 雨が ふるにちがいない。

2 ——線の ことばに 気を つけて、□に 合う ことばを □から えらび、□に 記号を 書きましょう。(同じ ことばは 二ど つかわない こと。)

一つ10点【40点】

① 弟は、けっして ここには 来□。 □

② もし 家族で 旅行に 行ける□、ハワイへ 行って みたい。 □

③ たぶん 赤組が ゆうしょうする□。 □

④ 今日は、どうやら 午後から 天気が わるく なる□。 □

ア なら　イ だろう　ウ ない　エ らしい

3 つぎの 文を、①は 「たぶん……だろう。」、②は 「どうやら……らしい。」を つかって はっきり しない ことを 言う 言い方の 文に しましょう。

一つ20点【40点】

・小川さんは、プールに 行く。

①〔　　　　　　　　　　　　　　　〕

②〔　　　　　　　　　　　　　　　〕

もくひょう 10分

月　日

とく点

1 つぎの 手紙に ついて 答えましょう。　一つ20点【40点】

〔□〕　　〜

　お元気ですか。ぼくは、だいすけおじさんとのやくそくどおり、毎朝ジョギングをがんばっています。
　はじめは、早おきするのがつらかったけれども、もうなれました。
　こんどおじさんがうちに来たときは、かならずいっしょに走りましょうね。

けんた

① だれに 出す 手紙ですか。□に 合う ことばを、手紙の 中から さがして 書きましょう。

相手の 名前と 自分の 名前は、わすれずに 書いてね。

② けんたさんは、何を して いる ことを 知らせたかったのですか。

毎朝（　　　　　　　）を して いる こと。

2 中山あかりさんは、ようち園の ときに おせわに なった 早川秋子先生に 夏休みに あった ことを 手紙で 知らせようと 思いました。これに ついて 答えましょう。

一つ20点【60点】

⑦ [　　　　　　　　　　] 先生

早川先生、お元気ですか。

わたしは、この夏休みに、九州の おばあちゃんの 家に 行きました。

おばあちゃんの家のはたけには、いろいろな野さいが うえられています。それを とる じ゛ことを て゛だったことが、わたしのいちばんの思い出です。

帰りには、自分でとったなすときゅうりとトマトを、おみやげにたくさんもらってきました。

④ [　　　　　　　　　　]

① ⑦・④に 入る 名前を 書きましょう。

② あかりさんが いちばん 知らせたかった ことは、何ですか。

・はたけの しごとを （　　　　　　　　　　） こと。

クイズ　手紙で いちばん 知らせたい ことは、どこに 書くのかな？
①はじめ　②中　③おわり

もくひょう 10分

月　日

とく点　　点

1 だいきさんは、学習はっぴょう会で げきに 出る ことに なったので、おじいちゃんに 見て もらいたくて 手紙を 書きました。これについて 答えましょう。

一つ20点【40点】

おじいちゃんへ

おじいちゃん、お元気ですか。

ぼくは、学習はっぴょう会で 「うらしまたろう」のげきに 出る ことに なりました。ぼくは 「かめ」のやくです。ぜひ 見に 来て ください。

時間　げきは 午前十時半ごろから
場所　小学校の体育館

だいき

① この 手紙は、つぎの どれに あてはまりますか。一つ えらんで 記号を ○で かこみましょう。

ア おれい　イ しょうたい　ウ おわび

② この 手紙には、大切な ことが 書いて あります。一つ えらんで 記号を ○で かこみましょう。

ア 学習はっぴょう会の 場所。

イ 学習はっぴょう会の 出しもの。

ウ 学習はっぴょう会の 日。

2 森まなみさんは、「町たんけん」で おせわに なった 花やさんの 川田さんく、つぎの メモを もとに して 手紙を 書きました。これに ついて、答えましょう。

一つ5点【60点】

メモ

⑦ あいさつ

① おれいの 気もち

⑦ 「町たんけん」の かんそう

メモを して
おくと、大切な
ことを 書きわす
れないよね。

川田さんく

お元気ですか。学校の 花だんには、コスモスの 花が さきはじめました。

この前は、はじめての 「町たんけん」だったので、とても きんちょうして しまいました。

でも、川田さんが ていねいに 話して くれたので、花やさんの おしごとが、よく わかりました。本当に ありがとうございました。

近いうちに、お花を 買いに 行きたいと 思います。

森 まなみ

---

① ⑦～⑦の ことを、手紙に どんな じゅんじょで 書いて いますか。（　）に 記号を 書きましょう。

（　　）➡（　　）➡（　　）

② メモに ない ことを 書いて いるのは、どの 文ですか。その 文の 右に、──線を 引きましょう。

答え ▶ 85ページ

2の 森まなみさんが 書いた 手紙は、つぎの どれに あてはまるかな？

① おれい　② しょうたい　③ お見まい

知らせたい ことを 手紙に 書こう③

1 木島ゆいさんは、小林先生から かりた 「ぼくは王さま」と いう 本に ついて、先生に 手紙を 書きました。いちばん 知らせたかったのは、つぎの ことです。これに ついて 答えましょう。〔35点〕

・王さまの する ことが とても おもしろかった。
・長い 話なのに、一気に 読んで しまった。

小林先生、　　　⑦　　　。わたしは、かぜも ひかず、元気に すごして います。

先生から かりた 「ぼくは王さま」は、

　　　　　　　　　　　⑦　　　　　　　　　　　。

冬休みも あと 少しで おわりです。けんこうに 気を つけて がんばります。

木島ゆい

---

① ⑦に 合う、先生の けんこうを たずねる ことばを 書きましょう。〔15点〕

② ⑦に 合う、知らせたかった ことを 書きましょう。
〔20点〕

2 にうたさんは、こんど スイスへ 行く おじさんに おねがいの 手紙を 書く ことに しました。つたえたいのは、つぎの 三つの ことです。これを もとに、手紙の（　）に 合う ことばを 書きましょう。□には、おわりの あいさつの 文を 書きましょう。

（①～④一つ一〇点、⑤25点【65点】）

・切手を あつめるのが すきな こと。
・外国の 切手は、アメリカの ものしか もっていない こと。
・スイスの めずらしい 切手が、二、三まい ほしい こと。

おじさんへ
　来月から、スイスへ行くそうですね。そこで、お
じさんにおねがいがあります。
　ぼくは、切手を①（　　　　　　　　）のがすきですが、
外国の切手は、アメリカのものしかありません。
それで、
おじさんに、②（　　　　　　）の③（　　　　　　）を
④（　　　　　　）買ってきてほしいのです。
⑤[　くんさ　]
　　　　　　　　　　　　　　　　　　　　　　にうた

クイズ ② で、にうたさんが おじさんに おねがいしたら 切手は、どれかな？
①アメリカの 切手　②日本の 切手　③スイスの 切手

きせつの ことば

● 学しゅうの ポイント

手紙の あいさつの 部分には、きせつの ことばを よく つかいます。

手紙の 相手に、春・夏・秋・冬の それぞれの きせつを かんじて もらえるように、正しく つかい分けましょう。

春 つくし・さくら・なの花・たんぽぽ・ちょうちょう

夏 あさがお・ひまわり・海・すいか・水よく・花火・ほたる

秋 コスモス・もみじ・くり・かき・ぶどう・赤とんぼ・すず虫

冬 雪・しも・北風・スキー・スケート・こたつ・ストーブ

1 ①・②は、どの きせつの 手紙ですか。――線の ことばに 気を つけて、□に きせつの かん字を 書きましょう。　一つ一〇点【20点】

① お元気ですか。もうすぐ入学式です。新しい一年生が、たくさん入ってきます。 →

② おかわりありませんか。ゆうべは、家族そろってお月見をしました。 →

2 ①～⑧は、春・夏・秋・冬の あいさつの 文です。□に 合う ことばを ＿＿＿ から えらんで、（ ）に 記号を 書きましょう。

一つ5点【80点】

春

① 校庭の □が まんかいに なりました。

② 花だんに、たくさんの □が とんで きて います。

①（ 　　　 ）　②（ 　　　 ）

夏

③ 日曜日に、家族で □に 行って きました。

④ お日さまの ような □が さきました。

③（ 　　　 ）　④（ 　　　 ）

秋

⑤ 青い 空を、□が すいすい とんで います。

⑥ おじいちゃんから、□の みが とどきました。

⑤（ 　　　 ）　⑥（ 　　　 ）

冬

⑦ きのう、兄と □の れんしゅうを しました。

⑧ 毎日、つめたい □が ピューー ふいて います。

⑦（ 　　　 ）　⑧（ 　　　 ）

ア 赤とんぼ
イ 北風
ウ えんぴつ
エ ひまわり
オ くり
カ ちょうちょう
キ スケート
ク さくら
ケ 海水よく

1 ゆうたさんは、図書かんで　読んだ　「つると　かも」と　いう　お話の　かんそう文を　書こうと　思いました。つぎは、その　お話に　ついての　メモです。（　）に　あてはまる　ことばを　□から　えらんで、記号を　書きましょう。

一つ20点【60点】

（①　　）	・「つると　かも」
作者	・しまだ　とうてん
（②　　）	・つる　　・かも
（③　　）	・つると　かもが、おたがいの　あしを　とりかえる　お話。
だいじな　ところ	・おたがいが、自分の　あしの　よさに　気が　つく　ところ。

ア　とうじょう人物

イ　どんな　お話か

ウ　だい名

「作者」は、その　お語を　書いた　人の　ことです。

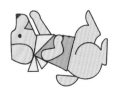

71

2 つぎの 「つると かも」の あらすじを 読んで、あとの 「かんそう文メモ」の □に あてはまる ことばを 書きましょう。

1つ20点【40点】

「つると かも」の あらすじ

長い 手の あしの 「つると、みじかい あしの かもは、おたがいに 相手の あしを うらやましく 思い とりかえました。
はじめは、よろこんで いた のですが、どちらも 三日後には 「かれて しまい、やっぱり 自分の あしが いいと また とりかえました。つるも かもも、おたがいに 自分の あしの よさに 気づいた のだから、三日間の ことは むだでは なかったと 言いました。

かんそう文メモ

① どんな お話か。
・「つると かもが、おたがいの
㋐ [　　] を とりかえる 話。

② だいじな ところは どこか。
・とりかえた ことで、自分の
あしの ㋑ [　　] に 気づいた ところ。

②には、お話の 中心に なる ことを 書くんだよ。

③ 読んで どう 思ったか。
・自分の あしの よさに 気づいて よかったと 思った。

クイズ
お話に 出て くる 人や 人のように 話す どうぶつの ことを 何と いうかな?
①だい名 ②とうじょう人物 ③作者

答え ▶87ページ

「エメリーヌ」を 読んで、かんじた
ことを、じゆうに 書きましょう。
もじや、えなどが あっても
いいですよ。

・とても かなしく なりました。
・新しい 自分（じぶん）に なって いました。
・とても うれしく なりました。

① どんな お話か。

（⑦）

三日（みっか）ほど
とりが あいて いたので、
ほじょうを みに
いきました。
はじめに とりが
あいて いましたが、
三日後（みっかご）には、もう
ちからを
つけて いました。それが、

（30点）

■ いちばんの 文しょうは、72ページの「エメリーヌ」を さんこうに して 書いた ものです。下の〔　〕に あてはまる 文を、　　から えらんで 書きましょう。

【100点】

② 読書かんそう文を 書こう

35

もくひょう 10分
月　日　とくてん　点

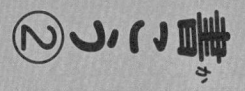

❷ だいじな ところは どこか。 (30点)

①
　つるもかもも、自分の生まれてきたあしのよさに気がつきませんでしたが、一じとりかえてみたことで、

- 自分のあしのよさが、わかったところです。
- 相手のあしのすばらしさが、わかったところです。
- 自分のあしのこまらなさが、わかったところです。

❸ 読んで、どう 思ったか。 (40点)

⑦
　つるもかもも、自分のあしのよさに気がついてよかったと思います。だから、あしをとりかえたのは、つるとかもが言うとおり、

- してはいけないことだったと思います。
- もったいない三日間だったと思います。
- むだなことではなかったと思います。

クイズ
「❷だいじな ところは どこか。」には、何を 書くのかな?
①お話の 中心に なる こと　②自分の かんそう　③あらすじ

答え ● 87ページ

36

かんそう文

読書かんそう文を　書こう③

もくひょう
10ぷん

月　日　時

とく点

点

つぎの　「かさじぞう」の　あらすじを　読んで、かんそう文の
（　　）や　□□に　入る　ことばを、下の　「かんそう文メモ」の
ことばを　つかって　書き入れましょう。

①・②一つ二〇点　③・④一つ四〇点【100点】

「かさじぞう」の　あらすじ

　びんぼうな　じいさまと　ばあさまは、お正月の　もちも　買えず
いました。そこで、じいさまは　すげがさを　作って　町で　売ろうと
しましたが　一つも　売れませんでした。じいさまは　帰る　とちゅう、
雪に　うもれた　六人の　じぞうさまを　見つけ、かわいそうだと　思い、
いすげがさを　かぶせました。一つ　足りなかったので　自分の　手ぬ
ぐいを　かぶせました。やさしい　ばあさまは、それを　聞いて、い
やな　顔も　しないで　いい　ことを　したと　よろこびました。

　夜中に　じぞうさまが　お礼に　もちや　野さいなどを　たくさん
もって　きました。その　おかげで　じいさまと　ばあさまは、よい
お正月を　むかえる　ことが　できました。

＊すげがさ…「すげ」と　いう　しょくぶつで　あんだ　かさ。

かんそう文

「かさじぞう」を読んで

田村　わたる

雪に　うもれて　いた　じぞうさまに

① （　　　　　　　　　　　　）を　かぶせ

て　あげた　じいさまと、その話を聞
いて、じいさまを　ほめた　やさし
いばあさまが、じぞうさまから

② （　　　　　　　　　　　　）お話です。

〈かんそう文メモ〉

● どんな　お話か。

じぞうさまに

かさと手ぬぐいを

かぶせてあげた

じいさまとやさしい

ばあさまが、じぞ

うさまからおれい

をされるお話。

＊もんだいは　うらに　つづきます。

75

お正月のもちも買えないくらいびんぼうなのに、じいさまもばあさまも、じぞうさまのことを思いやっています。この話は、

③
[   ]

を中心に書かれています。

じいさまとばあさまは、じぞうさまから、たくさんおれいをもらいましたが、おれいがほしくてよいことをしたのではありません。心からじぞうさまのことを思いやったのです。ぼくも、

④
[

と思いました。]

---

② だいじなところは どこか。

びんぼうだが思いやりのある、じいさまとばあさまの、やさしさ。

③ 読んで どう思ったか。

じぞうさまのように、くるしいときでも、人にやさしくできるようになりたい。

それは、ぼく(わたし)が どう思ったかを 書くところだね。

クイズ 「③読んで どう思ったか。」は、何を 書くのかな？

① 作者が 言いたかった こと　② 自分の かんそう　③ あらすじ

答え 88ページ

① じゅんじょを あらわす ことばを 入れて 書こう①　5〜6ページ

1 ①まず　②それから　③おわりに

2 （ア）➡エ➡イ➡ウ

3 ⑦まず（はじめに・さいしょに）
　　⑦さいごに（おわりに・おしまいに）

クイズ ②

⊙アドバイス

1 物事を順序立てて書くために使われるの
が、順序を表す言葉です。ただし一つとは決
まっていませんから、複数の言い方を覚えさ
せておくとよいでしょう。答え以外の「しか
し」「すると」は、二つの事がらをつなぐ言
葉（接続語）で、「しかし」は、前後が対立
する関係のとき、「すると」は、前のことの
結果などをつなぐときに使います。

2 イ〜エの文の初めの「つぎに・さいごに・
まず」に注目させましょう。

3 まず、絵の①〜③の流れをつかませます。
⑦は「一ばんめに・いちばんはじめに」、⑦
は「三ばんめに・いちばんおしまいに」など
も考えられます。

② じゅんじょを あらわす ことばを 入れて 書こう②　7〜8ページ

1 （右から）（一）・4・2・3

2 まず─⑦　つぎに─⑦　おわりに─⑦

3 ①はじめに（まず・さいしょに）
　　②つぎに（それから）・はさみ
　　③さいごに（おわりに・おしまいに）・わり
　　　ばし

クイズ 一

⊙アドバイス

3 順序を表す言葉については、（　）以外の
ものでも、つじつまの合うものであれば、正
解にしてください。

③ じゅんじょを あらわす ことばを 入れて 書こう③　9〜10ページ

1 イ➡（エ）➡ア➡ウ

2 ⑦➡⑦➡⑦

3 れい
　　①はじめに（半分に 切った）さつまいも
　　　に 絵を かきます。
　　②つぎに（かいた）絵の まわりに 目・
　　　はな・口を ほります。
　　③それから（ほった）絵に（すきな）色の
　　　絵のぐを ぬります。

クイズ ②

⊙アドバイス

1 ウ・エの「そして・それから」は、この言
葉だけでは、順序がはっきりしませんが、こ
れらの言葉に続く文の内容と絵の内容を照
らし合わせることで、はっきりします。

④ 文章に 書かれて いる ことを メモに まとめよう　11〜12ページ

1 さちちゃん

2 ①木村さんに 聞いて みた
　　②来週の 水曜日
　　③自分の 名前

クイズ ③

⊙アドバイス

1 先生の話のポイントをおさえるようにさせ
ます。
　　①ねん土でおすのライオンを作る。
　　②ねん土は、先生が用意する。
　　③もってくるもの。
　　数を表す言葉が入っているときは、数を正
確にメモすることを忘れないようにさせましょう。

2 ②「水曜日」だけでは不十分です。「らい
しゅうの水曜日」ということが重要なのだと教え
ましょう。

5 絵に かかれて いる ことを メモに まとめよう　13〜14ページ

1 ①ア ②ウ ③オ

2 ①⑦ぼく ⑦たけるくん 〈順不同〉
　　⑦ぼく ⑭エ
　　②⑦お店の 人 ⑦魚 ⑨ア

クイズ ③

アドバイス

1 この 絵から は、①〜③以外にも いろいろ なことが わかります。

れい
・空に 白い 雲が うかんで いる。
・池で 魚が はねて いる。

これにならって、お子さんにも メモを 作らせてみましょう。

2 ①の⑭、②の⑨は、それぞれ 「おもい おもい」「五百円です」と 対応している ことが 必要です。

①の⑭は、「ぼく」を 気づかって いる言葉、②の⑨は、それ（魚）の 値段を 尋ねている言葉です。

6 主語・述語・くわしく する ことば　15〜16ページ

1 ①バスが・発車する
　　②兄は・中学生だ
　　③カナリアは・かわいい

2 ①赤い ②きらきら

3 **れい**
①ちひろちゃんが ベンチに すわる。
②おじさんの バッグ（スーツケース）は 大きい。
③先生が 黒ばんに （文）字を 書く。

アドバイス

1 ①「何が—どうする。」②「だれは—なんだ。」③「何は—どんなだ。」の 型の文です。

3 ②の「バッグ」は「にもつ」「かばん」な どでも よいでしょう。③は「はじめに」と いう ことばを、どのように、具体的に 書 いて いるものも 正解です。この ほか それ ぞれの 絵の 内容と 大きく ずれて いる内容の 文 なければ、正解に しましょう。

7 いつ どこで だれが どう するを 書こう　17〜18ページ

1 ①ウ ②エ ③ア ④イ

2 ①きのう ②えき前で ③かりた

3 ①夕方 ソファーで ぼくは 休んだ。
　　②歌手が 明日 ホールで 歌う。
　　③おととい わたしは 校ていで あそんだ。
　　④ぼくの 家で 先週 子ねこが 生まれた。

クイズ ②

アドバイス

1 ④主語の「だれが（は）」にあたる言葉は この文のように複数あることもあります。ま た「…が（は）」ではなく「ぼくも いっ しょに 出かけた。」のように「…も」の形 になることもあるということを教えましょう。

3 読点（、）については 答えの通りにつ けなくても正解にしてください。この後の 問題についても 同様です。

8 音や ようすを あらわす ことばを つかって 書こう　19〜20ページ

1 ①ころころ
　　②ごろごろ
　　③トントン
　　④ドンドン
　　⑤ひらひら
　　⑥ぱらぱら・おちる

2 **れい**
①（雨が）ザーザー ふって いる。
②（赤ちゃんが）すやすや ねむって いる。
③（道が）くねくね まがって いる。

クイズ ②

アドバイス

1 ①〜④は、濁点が つくか つかないかで 表す 様子が 違います。つかない ほうが 軽やかな 感 じで、つくと 強く 激しい 感じの 文に なることに 気づかせましょう。

2 文末を①「ふる」②「ねむる」③「まが る」のように 書いて いても 正解に してくだ さい。

⑨ 書く ことを 組み立てよう① 21〜22ページ

1
①⑦わたしは
　④図書かんく
　⑦行った
②⑦お姉さんは
　④日曜日
　⑦貝がらを
　①ひろった

2
①兄が 広場で ボールを なげる。
②にわとりが 鳥小やで えさを 食べる。

3 れい きのう・あやかさん・買いました・花びん

クイズ ③

アドバイス

1 答えは「わたしは」「図書かんく」のように、助詞まで含めて書かせるようにしましょう。「じょう　した」は、述語が過去形になっているときの言い方で、働きは「じょう　する」と同じです。

3 〈だれは〉を「女の子」としている場合は、「女の子の名前は?」と尋ねてください。また〈じょう　した〉を「買った」と常体にしているときは、「行きました」「さしました」と同様に敬体(丁寧な言い方)に直させましょう。一つの文章では、会話文などを除いては常体・敬体のどちらかに統一させましょう。

⑩ 書く ことを 組み立てよう② 23〜24ページ

1 れい
①ねこが ソファー(いす)で ねむる(ねむって いる)。
②そうたんが くやで べん強する(べん強して いる)。
③かほさんが ベンチ(公園)で 本を 読む(読んで いる)。
④あゆむさんが 広場(グラウンド)で 野きゅうを する(して いる)。
⑤お母さんが ベランダ(外)で ふとんを ほす(ほして いる)。

2 れい

```
五月五日(火曜日)晴れ
　家ぞくで、ハイキングに行きました。
お昼には、ぼくの大すきなのりまきを
たくさん食べました。妹に
「わたしの分がなくなるよ。」
と、にらまれてしまいました。
よく晴れて楽しいハイキングでした。
```

クイズ ①

アドバイス

2 迷っているようなら、「今日は、〇〇をしたよね。」など、話題を提供してあげるとよいでしょう。

⑪ 原こう用紙の つかい方 25〜26ページ

1
①⑦
②④

2

```
　学校で、三ニンで　大きくなりま
ぼくは、今日、だんだん　黄色い　花がさいて
て。　遠足　です。　いるのが　とても
```

3

```
　家に　帰ると ちゅうで、お母さんに
会いました。お母さんは、
「食パンを　買いに　行くから、家でま
って　いてね。」
と言って、店く……ました。
```

⑫ 絵に 合う 文を 考えよう 27〜28ページ

1 ①⑦ ②⑦ ③⑦ ④①

2
①赤い ②水玉(ドット)
③左(の)うで ④まるい

クイズ ③

アドバイス

2 ①「赤い つばの ある」、④「まるい 大きな」のような書き方をしていても正解です。
情報を伝えるには、まず正確さが大切です。「色・形・大きさ・服装」など、ポイントになる点をおさえさせます。

13 ようすを かんさつして 書こう① 29〜30ページ

1 ①黄色い ②ぱたぱた（と）
　③大人のてのひらくらい（です）

2 （ウ）➡ア➡イ➡エ

3 ①五 ②茶色い ③よちよち
　④おいしそうに ⑤すやすや

クイズ ②

アドバイス

1 ①羽の色を説明しています。②「ぱたぱた
と」は、羽を動かしながら飛ぶ様子だというこ
とに気づかせましょう。③「大人のてのひら」
と具体物を例に挙げることで、しんじゅの
くらいの大きさが、わかりやすくなっています。

2 様子がくわしくなるほど、文が長くなって
いることに気づかせましょう。

3 ①・②は、絵からとらえさせましょう。③
の「よちよち」は、頼りない足取りで歩く様
子、⑤の「すやすや」は、よく眠っている
様子を表す言葉です。「くるくると」「すやす
や」の使い方も覚えさせましょう。
　れい・風車が くるくると 回る。
　　　・赤ちゃんが すやすや そだつ。

14 ようすを かんさつして 書こう② 31〜32ページ

1 ①数 ②大きさ ③形 ④色

2 れい
　（大きさは、）大きいものは二センチメート
ルあります。
　（形は、）ボールのように丸くなっています。

クイズ ③

アドバイス

1 ①「三つ」②「二センチメートル」③
「丸い」④「黄みどり」に注目させましょう。
これらの項目は、「かんさつメモ」を書くと
きに欠かせないものです。「さわるとつるつ
る」は触感、最後に「におい」についてメモ
しています。こうしたメモがあることで、文
章が書きやすくなることを教えましょう。

---

2 31ページのメモは常体で書いてあります
が、ここでは、ほかの文に合わせて敬体で書
かせるようにしましょう。「形」のところは
単に「丸い」でも伝わりますが、「ボールの
ように」とたとえを使って書くことで様子が
わかりやすくなることに気づかせましょう。

15 ようすを かんさつして 書こう③ 33〜34ページ

1 ⑴ア ⑵エ ⑶イ ⑷ウ

2 ①⑶➡⑴➡⑵➡⑷
　②⑦茶色
　①水そうあらい

クイズ ⑴

アドバイス

1 観察記録文を書くときには、こうした「か
んさつカード」を用意しておくと便利です。気
づいたことをそのつどメモしておいて、観察記
録文にまとめる時期になったら、同じ内容のも
のを整理する、というやり方でもよいでしょう。
　⑶の体の大きさや様子のカードは、図で示
しておくのもよいでしょう。

16 ちがいを くらべて 書こう① 35〜36ページ

1 ①大きさ ②色 ③もよう

2 ①大きさが ちがいます
　②色が ちがいます
　③もようが ちがいます

3 ①赤い ②細長い ③あまずっぱい
　④ぷにぷに ⑤かわ

クイズ ②

アドバイス

1 ①どちらも「ピンクの三角形」ですが
「大きさ」が違います。②同じ大きさの三角
形ですが、「色」が違います。③同じ大きさ
の白地に緑の模様の四角形ですが、その「も
よう」が違います。

3 違いを比べるときは、①のように表にして
みると便利だということを教えてください。
後で文章に書くときに、「作文メモ」として
も利用することができます。

⑰ **ちがいを 書こう②** 37〜38ページ

1 ⑦赤い ①箱 は …

2 わい

18 **長い 文を くらべて** 39〜40ページ

1 「て」は、文章を書くときに、自分のおもいや考えを書くのに使われます。

2 …色・形・大きさ…

クイズ ③

（色）…
（大きさ）…

アドバイス

1 だから ② で

2 だから ① だけど ② それでも ③ でも ④ それでも

クイズ ③

18 **長い 文を くらべて** 39〜40ページ

アドバイス

1 ① エ ② イ ③ ア ④ ウ

2 ① 文でへ……くおへ……ですくへ。
② お兄さんは……くれます。
③ お母さんは……くれます。

クイズ ②

20 **中心を 考えて 書こう②** 43〜44ページ

1 書くことを決めたら、その材料の選択…

2 「ニュースレター」は…

クイズ ③

わたしは、ニュースレターの…

19 **中心を 考えて 書こう①** 41〜42ページ

アドバイス

1 ① ウ・エ・キ 〈順不同〉
② ア・オ・ク 〈順不同〉

2 わい

・数回使うように…朝

21 組み立てメモを 作ろう　45〜46ページ

1 ①ウ ②ア ③イ

2 れい
　①本田なつき
　②わたしが大切にしていたけしゴムをなくしたとき、いっしょにさがしてくれた。

ミス ③

アドバイス

1 「はじめ→中→おわり」という三段構成は、よく使われるものです。「中」の「くわしいせつ明」が中心内容になります。

2 ①は「見つけた こと」を紹介する文章ですが、ここでは友達を紹介するためのメモを作らせます。「中」は、なるべく具体的にメモしておいたほうが、後で書きやすくなるということを教えましょう。

22 理由を 考えて 書こう①　47〜48ページ

1 たくみ（たん）

2 ①なぜなら・からです
　②なので・ために

ミス ①

アドバイス

1 たくみさんの文章は、一つめの文が「そのわけは」で始まり、文末が「……からです」で、どちらも理由を表す言い方です。

2 理由を表す言い方は、常に一つだけとは限りません。①のように「なぜなら」などの言葉を使って書く場合もあるし、②のように「……なので……です」の形もあります。「なぜなら」は、「そのわけは」「その理由は」などとも言い換えられます。

23 理由を 考えて 書こう②　49〜50ページ

1 ①はげしい ②しずかに

2 れい
　①えんぴつ ②なぜなら
　③けしゴムですぐけせるので、書き直すときにべんりだ（からです。）

ミス ①

アドバイス

1 理由を書くときには、その根拠をはっきりさせる必要があります。ここでは、ゆうたんが降っている雨の様子を「しとしと」にした根拠をはっきりさせます。①は「ザーザー」が表す様子、②は「きりのような」が表す様子を考えさせましょう。

2 「ボールペン」を選んだときの理由としては、次のような文が考えられます。
　③文字がきえにくいので、見えなくなることがない（からです。）

24 「する」と「される」の言い方　51〜52ページ

1 ②・③・⑤

2 ①おこされる ②食べられる

3 ①エ ②カ ③ア ④ウ

アドバイス

1 ②・③・⑤を相手のほうから見た言い方にすると、②「ライオンが きりんを おいかける」③「お母さんが 妹を よぶ」⑤「男の子が 子ねこを ひろう」のようになります。

2 受け身の言い方は、動詞に「れる・られる」をつけて表します。

25 たとえる 言い方を つかって 書こう①　53〜54ページ

1 ①かたい せんべい。 ②白い うさぎ。
　③細い そうめん。 ④小さな 字。

2 ①たか ②かえる

3 ①さる ②魚

4 ①れいりんご
　②れいくじゃく

ミス ②

アドバイス

1 たとえているものの様子に注目させます。①「石のかたさ」②「雪の白さ」③「糸の細さ」④「米つぶの小ささ」にたとえています。

4 「りんごのよう」は、ほおの赤さを表すのによく使われるたとえです。

1
①かがみのように
②たきのように
③おすもうさんみたいな
④おにみたいな

2 れい
①まるで ありみたいに 小さく（小さく 見える）。
②まるで のこぎりの はのように するどい。
③まるで 矢のような はやさで とんで いく（とぶ）。

クイズ　③

アドバイス
1 「〜のように」「〜みたいな」の区別は、「〜みたいな」がくわしくする言葉が、動作を表す言葉（動詞）ではないと覚えさせるとよいでしょう。
れい　×雨が たきみたいに ふる。
　　　×そらみたいな 歩く。

2 絵の中でゆうまさんが思い浮かべているものを正しくとらえさせましょう。
①高い屋上から下を見ているために とても小さく見える、道を歩く人の姿を、「あり」にたとえています。
②ためいきの歯の形から、のこぎりのギザギザの刃を思い浮かべています。「するどい」は刃の様子をそのまま表した「ギザギザして いる」でもよいでしょう。
③「矢のようなはやさ」は、よく使われるたとえの表現です。「矢のようにはやく」としても正解です。少し大人っぽい言い方ですが、ここで覚えさせてもよいでしょう。

この問題では、たとえるものを絵で示していますが、絵以外のもので お子さんが思い浮かべられるものがあれば、それを使って文を作らせてみるとよいでしょう。

1 れい
㋐あり
㋑木のは（このは・はっぱ）
㋒あり
㋓はと
㋔木のは（このは・はっぱ）

2 れい
㋐（親切な からすが）紙ふうせんを 木の下に おとして あげました。
㋑（たぬきの 子が）長い ぼうを つかって 紙ふうせんを おとしました。

クイズ　①

アドバイス
1 イソップ物語の『ありとはと』のお話をもとにした絵です。このお話を知らないお子さんには、絵の内容に続くお話も教えてあげるとよいでしょう。

　ある日、ありは猟師が弓ではとをねらっているのを見かけました。
「あぶない。」
　ありは、猟師の足に思いっきりかみつきました。突然足をかまれた猟師は、手から弓を落としてしまいました。
　この物音に気づいたはとは、急いで飛び立ちました。

この内容を、お子さんに短い文章にまとめさせてみてもよいでしょう。絵に描かせ、紙芝居にするのもよいことです。

2 この問題では、「中」の部分が二通りありますが、「中」を変えることで、結末を変えることもできます。発展として㋐・㋑の場合の、別の③の場面を、お子さんに考えさせてみては いかがでしょうか。お話作りのよい練習になります。

1 (ア)うさぎ

(イ)かめ

(ウ)れい「うさぎさん、ぼくのせなかの上にのれば わたれるよ。」

(エ)れい「かめさん、ありがとう。本当にたすかったよ。」

2 ①(せいくらべの)たね・水

②(いじわるきつねの)コン

③せいくらべ・なみだ

クイズ ②

アドバイス

1 ① うさぎが かめに 山の上まで 競走しよ うと言う。

② うさぎが先に行くが、途中に川があっ て向こう岸に渡れない。

③ かめが うさぎを自分の背中に乗せ て 一緒に川を渡る。

④ 向こう岸で握手。

というのが、絵から読み取れる内容ですが、
(エ)の□に入る言葉については、□に
続いている「うさぎは、かめにおれいを言い ました。」をヒントにやせましょう。

握手をしたうさぎとかめが、その後どうした のか、お子さんが思ったことを言わせてみる とよいでしょう。

2 ②については、次のような内容をつけ足す ことも考えられます。

れい コンは、トンが 一生けんめい そだて た たねなと 考えずに せいくらべのた ねを あげなければ よかったと 思いま した。

同じように、①・③の場面についても、続 きをお子さんに考えさせ、ノートに書かせて みてください。

③の場面からは、しゃくしゃくなトン の様子とともに、コンが自分のした意地悪 を、涙を流して反省していることなどが読み 取れます。この点にも気づかせましょう。

1 イ・ウ

2 ①ウ ②ア ③イ ④エ

3 ①小川さんは、たぶん プールに 行くだろ う。

②小川さんは、どうやら プールに 行くら しい。

アドバイス

■ ここで取り上げているのは、文法的には 「副詞の呼応」とよばれているもので、本格 的に学習するのは、高学年になってからで す。しかし、お子さんたちは、自分の作文の 中で、これらの言い回しを無意識のうちに使っ ているはずです。単に言葉のきまりとして覚 えるのではなく、文章表現の一つとして学習 しようというのが、ここでのねらいです。

53〜56ページの「たとえる 言い方を つ かって 書こう」のところで学習した「まる で……ように(な)」「まるで……みたいに (な)」も、きまった言い回しの一つです。

1 イは「ちゃちゃんは、どうやら ぐあいが わるい みたいだ」、ウは「この かさは、お そらく 川村さんの ものだろう」などの 言い方をすることもできます。

2 はっきりしないことを表す言い方には、次 のようなものもあります。

・きっと Aチームが……だろう

・かならず Aチームが……はずだ

これには、自分の推測どおりになる可能 性がかなり高い場合の言い方です。

3 1のアドバイスに書いたように、「たぶん」 は「おそらく」とも言い換えることができま す。また、「どうやら」も、次のように「ど うも」と言い換えることができます。

・小川さんは、どうも プールに 行くらし い。

1 ①（だいすけ）おじさん
　②ジョギング

2 ①⑦早川（秋子）
　　①中山あかり
　②てつだった（おてつだいした）

ワンス ②

アドバイス

1 ①「□□く」を書かずに、はじめから「（だいすけ）おじさん、お元気ですか」という書き方もできます。また、「□□く」とした場合は、結びの自分の名前に「けんたより」と、「より」をつけることもあります。
②けんたんは、結びに「……いっしょに走りましょうね。」という誘いの言葉を入れています。こうした書き方も参考にせるようにしましょう。

2 ①⑦先生の名字だけでなく名前も入れて書くと、丁寧な言い方になります。また、ここは、1の手紙と同じように、「早川（秋子）先生く」という形にすることもできます。
②その手紙でいちばん知らせたいことは、ふつう、分量がいちばん多くなります。
今の段階では、手紙を出す相手の名前をいちばんはじめにもってきていますが、正式な手紙文では、後づけとして、次のような配置で書きます。

```
┌─────────────────────┐
│                     │
│  本                 │
│  文                 │
│                     │
└─────────────────────┘

         ┌───────┐
         │ 日づけ │
         └───────┘
              ┌──────────┐
              │ 自分の名前 │
              └──────────┘
     ┌──────────┐
     │ 相手の名前 │
     └──────────┘
```

相手の名前は、「○○さま（様）」がふつうですが、先生の場合は、「○○先生」が一般的です。

1 ①イ ②ウ

2 ①⑦→⑦→①
②近いうちに、お花を買いに行きたいと思います。

ワンス ①

アドバイス

1 招待状は、お子さんにも取り組みやすい題材のはずです。
①招待状の特徴として、「ぜひ（見に）来てください」のような言い方を加えるということをおさえましょう。
②招待状の場合、相手に必ず伝えなければならない事がらとして、
・日時
・場所
・自分との関連
があります。だいちゃんは、肝心な学習発表会の日にちを書き忘れています。
必ず伝えることは、この招待状のように箇条書きにするとわかりやすいということも教えましょう。

2 お礼の手紙も、書く機会の多いものの一つです。
①お礼の手紙で必ず書かなければならない事がらは、メモ①のお礼の気持ちです。まなみさんは、感想に続けて書いていることをつかませましょう。「本当にありがとうございました」と、感謝の言葉で結んでいます。
まなみさんは、⑦のあとのところで「学校の花だんには……をはじめました」と書いています。これは、高学年の手紙文の学習のところによく出てきますが、「時候のあいさつ」とよばれるものです。こうした言葉については、69・70ページで詳しく学習します。
②手紙を書いているうちに自然にわいてきた気持ちが表れています。

32 知らせたい ことを 手紙に 書こう③ 67〜68ページ

1 ①れい お元気ですか

②れい 王さまのすることが とても おもしろくて 長い話なのに 一気に読んでしまいました

2 ①あつめる

②スイス

③（やすい）切手

④二、三まい

⑤れい よろしく おねがいします。

ワンポイント ③

アドバイス

1 ②れいは 一文で 書いていますが

・王さまの することが、とても おもしろかったです。それで、長い話なのに 一気に読んでしまいました。

のように二文にすることもできます。

手紙文では、中心になる事がらは、ふつう「中」の部分に書きます。

2 ①〜④この手紙も、おじさんに伝えたいことを「中」の部分に書いていることに気づかせましょう。

⑤初めの挨拶の部分で「……おねがいがあります」と手紙の用件は何かということを書いているので、しめくくりとして「よろしくおねがいします」とするのがよいでしょう。

手紙の書き方として「近況報告」「招待」「お礼」「お願い」などの内容をみてきましたが、このほかに

・お祝い

・お見舞い

の手紙などもあります。バースデーカードなどを書いたことのあるお子さんもいることと思います。どんなことを書いたのか、尋ねてあげるとよいでしょう。

33 きせつの ことば 69〜70ページ

1 ①春 ②秋

2 ①ウ ②カ

③ク ④エ

⑤ア ⑥オ

⑦キ ⑧イ

アドバイス

一般の手紙文には「時候の挨拶」というものがあり、よく使われる決まった言い回しがあります。

ここでは、そうした決まり文句ではなく、季節を感じさせる言葉を多く身につけることで、手紙文の挨拶の部分にうるおいをもたせるというのがねらいです。

1 ①「入学式」は、日本では春四月の行事です。季節を感じさせる行事としては、三月の「ひな祭り」、五月の「端午の節句」、七（く）月の「七夕」などもあります。

②「お月見」は、秋の満月をめでるものとしてよく知られています。

2 □の前後の言葉から、判断させるようにしましょう。

ここに挙げてある例文を参考にして、お子さんにもぜひ、季節の言葉を盛りこんだ短い挨拶文を書かせてみてください。

こうした季節の言葉を使った時候の挨拶は、一般の手紙文では「前文」とよばれる初めの挨拶の部分に使われます。

> 拝啓
> 　初夏の風がさわやかな今日このごろです。
> 　皆さまその後いかがお過ごしでしょうか。私は、おかげさまで元気に過ごしております。

――線の時候の挨拶に続けて、相手の安否の問いかけ、自分側の安否が続くのがふつうです。

① ①ウ ②ア ③イ

② ⑦あし ①よさ

クイズ ②

アドバイス

① 読書の感想を紹介するためのメモの書き方です。

このような観点を決めておくことによって、この後、自分で感想文を構成していくときに役立ちます。

⑦の「とうじょう（登場）人物」は、人間ばかりとは限りません。「お話に出てくる人や動物」のことだと教えましょう。

①の「どんな お話か」はあらすじです。

ここをしっかりメモすることができるようなら、読んだ話の大筋をつかんでいるということです。

もちろん、このメモだけで感想文が書けるわけではありません。

実際に書くときには、①「どんな お話か」の部分に、とうじょうがお互いのあしを取りかえたりがっかけや、取りかえた結果どうなったのかなどを肉づけしていきます。

② ここでの「かんそう文メモ」は、実際に読書感想文を書くための構成メモです。

❶どんな お話か…[あらすじ]

❷だいじな ところは どこか。…[主題]

❸読んで どう 思ったか。…[感想]

これにそって書いていくようにしますが、❷が多少難しいかもしれません。

お子さんが自分で読んだ本について書くときには、❷「主題」としてとらえているものについて確かめてあげましょう。

お話の内容と大きくずれているような場合は、アドバイスをしてあげてください。

① ⑦もとの自分のあしに もどることにしました。

①自分のあしのよさが、わかったところです。

⑦むだなことではなかったと思います。

クイズ ①

アドバイス

① 71・72ページの学習をふまえて〈かんそう文メモ〉をふくらませていきます。

⑦ 自分が紹介しようと思う話を、皆が読んでいるとは限りません。まだその話を読んだことのない人でも、内容のおおよそがわかる書き方をする、ということに気をつけさせましょう。

「どちらも、はじめは……つかれてしまいました」があることで、なぜもとのあしにもどることにしたのかが、はっきりわかるようになっています。こうした工夫はぜひ使わせるようにしましょう。

① 「主題」の部分です。てるもかめも、互いのあしを取りかえたことによってはじめて、自分のあしが やはり自然でいちばんだということがわかったのです。作者はこのてるとかめの行動を通じて、ないものねだりをするよりも、自分に今あるものに自信をもったほうがよい、ということを言おうとしたのでしょう。

⑦ 「だから」で始まっている文ですから、あしを取りかえたことを後悔している他、この文はあてはまりません。てるとかめは よい経験をしたという感想が合います。

感想は、読み手によって さまざまになるのは当然のことです。

お子さんが書いた「感想」で違和感を覚えた場合でも、必ず、お子さんがそう書いた理由を尋ねてみましょう。お子さんなりの理由がある場合は、尊重してあげるようにしてください。

36 読書かんそう文を 書こう③ 75-76ページ

■ □①かた（すげがさ）と手ぬぐい
②おらをされる
③れい じぞうさまはおまちの やさした
④れい 二人のように、自分がくるしいことでも、人にやさしくできるような人間になれたらいいな（と思いました）。

つまずき ②

アドバイス

■ 感想文メモの観点は、「つると かも」の場合と同じです。この構成のしかたは、読書感想文の書き方としては一般的なので、応用しやすいはずです。

「読んで、どう思ったか」の部分は、次のように、登場人物と自分を重ねて書くこともできます。

れい

・このように、自分がくるしいことでも人にやさしくすることは、今のぼくにはできないかもしれません。でも、これからは、このじぞうさまとおばあさまのようにやさしい人になれたらいいなと思いました。

75・76ページの「かさじぞう」は、よく知られた昔話の一つで、「かさこぞう（地蔵）」という題名でも多くの絵本が出ています。また、二年生の教科書にも採り上げられていますから、学校で学習したことのあるお子さんもいるかもしれません。

授業や宿題などで、お子さんがこのお話の感想を書いたことがある場合は、その文章を「『かさじぞう』を読んで」の文章と比べさせてみるようにしましょう。

読書感想文の題は、わたるさんのように「○○○を読んで」とする場合が多いようですが、決まっているわけではありません。主題をずばりと書く「思いやりの心のすばらしさ」なども考えられます。

感想文の書き方も、常に決まっているわけではありません。次に、手紙形式にした「かさじぞう」の感想文をのせておきます。

お子さんにも、応用させましょう。

おじいさん、おばあさんへ

おじいさん、おばあさん、今年のお正月は楽しかったですか。

じぞうさまたちがいろいろなものをもってきてくれて、本当によかったですね。

じぞうさまたちにかさや手ぬぐいをかぶせてあげたおじいさんのやさしさはもちろんですが、そのことをうちあけてもらって、それをよろこんでくれたおばあさんの心の広さにも、とても心をうたれました。

わたしも、おじいさんとおばあさんのやさしさをみならって、小さなことでもいいから、毎日、何か一ついいことをしたいと思いました。

こんな気もちになれたのも、おじいさんとおばあさんのおかげです。

わたしは、本当の「すげがさ」というものを見たことがありません。わたしのために一つあんでもらえないでしょうか。ずうずうしいねがいですが、よろしくおねがいします。

では、おじいさんとおばあさんに会える日を楽しみにしています。まだまだ寒い日がつづきますから、お体に気をつけてくださいね。

一月二十日

大川なおみ